철학 오디세이

초보자를 위한 지혜의 탐험

교사와 학생들에게
이 책을 바칩니다

Michael Wittschier, Erkenne dich selbst
copyright ⓒ1994 Patmos Verlag, Düsseldorf

copyright ⓒ2003 for the Korean Edition: Reality & Science
Publishers, Seoul

Korean Edition is published by arrangrment
with Patmos Verlag through
Corea Literacy Agency

이 책의 한국어판 판권은 Corea Literacy Agency를 통해
Patmos Verlag와의 독점 계약으로
현실과 과학(그 자회사 북&월드)에 있습니다.

철학 오디세이

초보자를 위한 지혜의 탐험

미하엘 비트쉬어 지음 | 서유석 옮김

북&월드

사고의 모험

고대 그리스 시절, 신탁을 묻는 사람들이 찾던 델피의 아폴론 사원 입구에 다음과 같은 글귀가 새겨져 있었다. "너 자신을 알라!" 인간 스스로를 반성해 보라는 이 요구는 최초의 철학자 탈레스Thales에서 비롯되어 그 이후 모든 인간적 지혜와 원동력이 되었다.

말을 몰되 판단은 말에게 맡기는 사람, "다른 사람들이 반복하던 것을 다시 반복하는 사람"은 미성숙한 사람이요 무지한 사람이고, 또 그렇기 때문에 쉽게 조종되는 사람이다. (블로흐E. Bloch)

하지만 탈레스의 충고대로 자기 자신에 대해서 그리고 다른 모든 것에 대해서 스스로 생각하는 사람, "참된 실재는 무엇이며, 그것은 어떻게 존재하고, 어디서 왔으며 어디로 가는지, 또 무엇을 위해 존재하는지"를 생각하는 사람은 한 발짝씩 진리로, 정의로 나아갈 수 있다. 한 마디로 모든 인간적 삶의 개선은 바로 이 자기 인식에서 시작되는 것이다.

물론 이러한 인식 과정의 끝에 통찰하게 되는 것은 이미 2500년 전에 소크라테스가 말했듯이, "내가 알게 된 것은 내가 그 어떤 것도 진정으로 알지 못한다는 사실"일 수도 있다. 그러나 바로 그 점 때문에 소크라테스를 두고 진정한 의미의 철학자, 즉 "지혜를 사랑하는 사람"이라 부르는 것이다.

무지한 사람, 어리석은 삶은 편안하다. 왜냐하면 그런 사람은 아무 문제도 제기하지 않을 것이고, 따라서 답이 불만족스럽다거나 어딘지 꺼림칙할 이유조차 없을 것이기 때문이다. 스스로 생각하는 사람, 스스로의 판단력을 사용하는 사람은 용기 있는 사람이다. 한 번이라도 거울에 자신을 비춰 보며 "내가 누구지" 하고 곰곰 생각해 본 사람은 이미 인간적 지혜의 핵심으로 나아가는 흥미진진하고 스릴 있는 사고의 모험을 시작한 사람이다.

이 책은 철학적 사고로의 여행 안내서다. 일상 생활의 경험에서 시작하지만 바로 그 속에서 놀라운 사실들을 발견하도록 또 스스로 의문을 제기하고 회의해 보도록 꾸미려고 노력하였다. 아울러 진리와 세계, 인식과 도덕의 본질에 대해서 과거의 위대한 철학자들은 어떤 생각을 했는지, 어떤 중요한 통찰들을 낳았는지도 모아 소개하였다.

책을 읽는 독자가 델피 사원에 쓰인 "너 자신을 알라"는 가르침을 잊지 않는다면, 그는 매 페이지를 읽을 때마다 자기 자신을 새롭게 발견할 수 있을 것이다.

이 책을 제대로 읽으려면……

철학이 무엇인지 전혀 모릅니까? 그렇다면 이 책이야말로 당신에게 어울리는 책입니다.

조금 읽어 보았지만 철학의 의미가 무엇인지 전혀 알 수 없어서 화가 난다구요? 화내는 당신이야말로 이 책의 이상적인 독자입니다. 자부심을 가지세요.

읽다 보니까 문제가 해결되기는커녕 오히려 늘어만 간다고요? 바로 그것입니다. 철학적 사고는 계속 문제를 제기하는 가운데 비로소 싹트는 것입니다. 그러다 보면 언젠가는 목적을 이루게 됩니다.

그런데 읽다 보니까 책이 고작 248쪽밖에 안 되어서 섭섭하다고요? 칭찬의 말씀으로 생각하고 감사드립니다.

책을 다 읽고 나니까 다른 사람들과 철학 토론을 해 보고 싶다고요? 주저하지 말고 해 보세요.

진심으로 바라는 일이지만, 당신은 이제 철학적으로 사색하는 가운데 큰 기쁨을 얻게 될 것입니다.

에셔M. C. Escher, 〈공기와 물 II〉, 1938

옮긴이의 말

철학을 처음 접하는 사람들이 좋은 철학 개론이나 입문서를 소개해 달라고 하면 나는 소포클레스의 『오이디푸스 왕』이나 일리인의 『인간의 역사』를 읽어 보라는 엉뚱한 답을 하곤 했다. 철학을 전공하는 사람들에게는 볼만한 매끈한 이론서가 많지만, 이제 막 관심을 갖게 된 사람들에게 살아 있는 철학적 사색의 매력을 느끼게 해 주는 훌륭한 입문서를 찾기란 쉽지 않기 때문이다.

철학의 요지를 정리해 놓은 철학 개론만큼 비철학적인 책도 없다. 일상의 사사로운 문제에도 고민을 하는 게 인간인데, 하물며 그런 고민과 일상적 소망의 뿌리에 있는 인생의 근본 문제, 삶의 의미와 목적의 문제를 묻고 따지는 철학을 어찌 간단히 개괄한단 말인가. 그럴 바에는 차라리 인간의 운명을 감동적으로 그린 그리스의 고전 『오이디푸스 왕』을 읽거나, 어떻게 인간이 동물 상태에서 벗어나 생각할 줄 아는 거인巨人이 되었는가를 생생하게 그린 M. 일리인의 책을 읽는 것이 낫다. 왜냐하면 이런 고전들은 우리로 하여금 '나'에 대해서, 삶의 의미에 대해서 많은 생각을 하게 할 것이기 때문이다. 사람마다 관심이야 다르겠지만, 진정으로 철학적인 책은 읽는 사람으로 하여금 일정한 감동 속에서 많은 물음을 제기하게 하는 책이다.

그런 점에서 일반인과 학생들을 위해 만든 비트쉬어의 이 입문서는, 비록 분량은 적지만 '철학적인' 책이라고 할 수 있다. 왜냐하면 이 책은 독자에게 과거 철학 사상의 개요를 전달하거나 철학적 문제의 답을 제시하려 하기보다는, 철학의 전통적인 몇 가지 문제를 소개하고 그 문제를 파고드는 가운데 독자 스스로 문제를 제기하도록 유도하고 있기 때문이다. 비트쉬어는 이 책의 앞머리에서 "읽다 보니까 문제가 해결되기는커녕 오히려 늘어만 간다고 불평하는 독자를 환영한다"고 자신 있게 쓰고 있다.

이 책은 구성과 내용의 전개 방식이 특이하다. 크게 보면 철학의 전통적인 문제, 이른바 근본 문제에 대한 고찰이 주된 내용이어서, 책 전체를 이루는 세 편의 글은 기본적인 문제 제기에서 시작하여 그 문제를 다양한 각도에서 조망하는 형식으로 (1)철학적 사고의 본질, (2)진리에 이르는 길, (3)도덕의 의미를 다루고 있다. 그런데 문제가 제기되고 일정한 철학적 논의가 전개되는 대목마다 바로 그 주제를 감동적으로 구현하고 있는 철학자, 소설가의 생생한 원문과 의미심장한 그림들을 삽입하여 그 글을 읽고 그림을 보는 독자들이 자연스럽게 '의문을 품으면서' 철학적 사색을 하도록 유도하고 있는 것이다. 이 가운데는 플라톤, 데카르트, 흄, 칸트, 쇼펜하우어, 블로흐와 같은 철학자의 글도 있지만 토머

스 만, 하인리히 뵐, 카프카 등의 소설과 그 밖에도 시, 이솝 우화, 사건 기사 등 그때그때의 철학적 주제에 걸맞을 뿐만 아니라 때로는 우리를 감동시키고, 때로는 우리를 어리둥절 하게 하는 많은 글이 포함되어 있다.

따라서 삽입된 글과 그림들을 그저 단순한 흥밋거리로 생각하지 않고 그 의미가 무엇인가, 또 주제와 관련하여 무엇을 말하려 하는가를 따지는 것이 이 책을 값지게 읽는 요령이다. 물음 없이는 답도 없다. 결국 훌륭한 철학 입문은 진리에 대해서, 삶의 의미에 대해서 묻고 따지는 가운데 스스로 마련하는 것이리라.

번역 대본은 비트쉬어가 1994년에 내놓은 *Erkenne dich selbst: Abenteuer Philosophie*(직역하면, 『너 자신을 알라―철학의 모험』)이다. 이 책은 '철학적 사색, 인식론, 도덕 철학의 길잡이'라는 부제를 달고 있다. 원본 자체가 고등학생과 일반인을 위한 것인 만큼 각 문헌의 독일어본 출전을 자세하게 밝힌 각주는 번역하면서 부분적으로 삭제하였다. 꼭 필요한 원어 표기도 필요한 경우에는 독일어 대신 영어로 바꾸었다.

작은 책이지만 인스턴트식품 같은 철학 개론이 아니라 철학적 사색의 맛을 볼 수 있는 책이 되길 바란다.

2003년 11월
옮긴이 서유석

차 례

사고의 모험 4
이 책을 제대로 읽으려면…… 7
옮긴이의 말 9

1. 철학적 사색의 길잡이

나의 철학   22

하찮은 풀 한 줄기라도   26

네가 무슨 생각을 하는지 알 것 같애   30

아름다움이란 무엇일까   33

당신에게 필요한 것은 사랑입니다   37

필요하기 때문에 생각한다   41

더 이상 아무 것도 알려고 하지 않는 사람   43

최초의 철학자   51

이 모든 물음들은 도대체 어디에서 오는가?   55

누구나 다 철학자다   57

구멍 이야기   62

어째서 그럴까? 왜 그럴까? 무엇 때문에 그럴까?   65

질문이 있습니까?   69

스스로 생각해 보세요   70

스스로 생각하라   72

철학적 사고의 세 가지 규칙   74

분명하게 생각하라   76

논리적 사고   78

저 유명한 세 개의 논리   79

질서가 있어야 그래요!?   83

소크라테스의 재판   87

철학의 주제들   91

2. 인식론의 길잡이

당신에겐 어떻게 보입니까? 99
책상 이야기 101
종합적 고찰 106
옛날부터 전해 오는 답 없는 물음들 108
벽에 비친 그림자 111
고르기아스의 세 가지 명제 117
시간이 흐르면 118
나무는 나무다 121
아래와 위, 오른쪽과 왼쪽 124
장님과 코끼리 이야기 127
원본과 복사본 128
처음부터 있는 것인가, 아니면 나중에 만들어진 것인가 131
모든 것이 그저 꿈인가 133
나비의 꿈 137
서커스 관람석에서 139
코로 본 세계 142
확실한 진리―아르키메데스의 점 145
원인과 결과 148
아무 것도 씌어 있지 않은 종이 151
에사오와 야곱 154
그래도 언제나 해는 다시 뜰까 157
나는 나다!? 161

3. 도덕 철학의 길잡이

어떤 행동이 도덕적으로 선한 행동인가   171
악동 프리데리히   173
도덕 철학의 세 가지 규칙   181
나에게는 좋지만 다른 사람에게 해가 되는 행동   183
지켜야 하는 것은 다 도덕인가   187
범죄와 예절   191
도덕과 법   201
키스는 비도덕적인가   209
도덕과 현명함   212
국가와 도적 떼   216
나는 자유다!   218
'의지의 자유' 문제   226
악동 프리데리히   229
스스로 판단하라 —도덕 판단의 세 가지 시금석   230
다른 사람이 너에게 하지 않았으면 하는 행동을
  너 또한 다른 사람에게 하지 말라   235
그러다가 닷새 지나 죽었다   242

철학적 사색의 길잡이 1

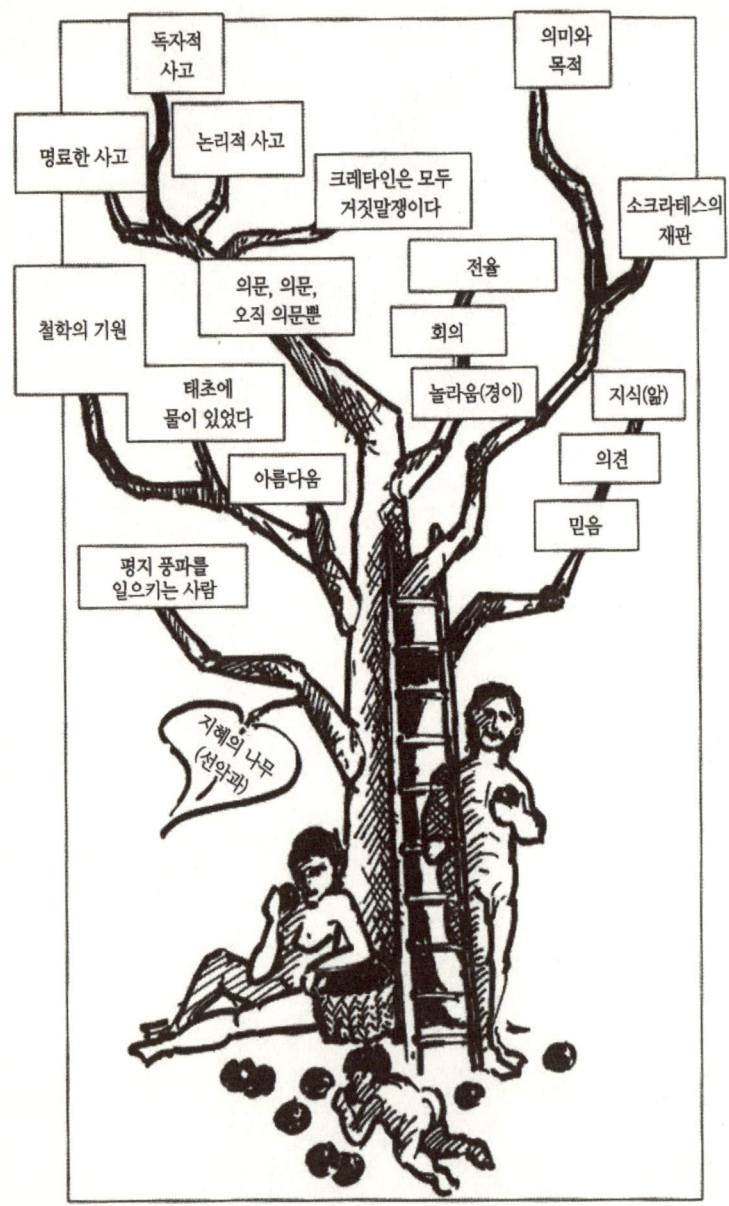

대부분의 사람이 철학을 기피한다. 이 사실은 우리가 늘 하는 다음과 같은 말에서 잘 나타난다. "철학은 너무 복잡해", "철학은 이해하기가 어려워", "나에게 철학은 너무 고차원적이야", "철학은 전문가들이나 하는 일이야", "나는 철학에 소질이 없어", "따라서 철학은 나와는 무관해."

이런 태도는 따지고 보면 "인생의 근본 문제니 뭐니 하는 것에 골치 아플 필요 뭐 있어?", "별 생각 없더라도 각자의 일이나 공부에 몰두하면 되지, 일의 의미나 공부의 의미 따위에 대해서까지 고민할 필요 있겠어?", "또 누구나 나름의 개인적인 생각이 있을 테고 그것에 만족하면 되지 뭐" 하는 식의 생각과 다르지 않다.

철학을 기피하는 데에는 이유가 있다. 그저 편안하게 살고 싶은 의식적 본능이 철학을 싫어하게 만드는 것이다. 철학은 어떤 점에서 위험하다. 철학을 이해하고 나면 나의 인생을 변화시켜야만 한다. 마음 상태도 이전 같지 않을 것이며, 모든 사물을 이전과는 다른 각도에서 보아야 하고 또 그것들을 새롭게 판단해야만 한다. 이 골치 아픈 부담이 차라리 철학적 사고를 포기하도록 하는 것이다…….

칼 야스퍼스(1883~1969)

정치가의 입장에서 보면 철학이 없어야 일이 쉽게 풀린다. 정치가는 대중과 공무원들이 아무 생각 없이 이미 조제된 지식만 가지고 있어야 그들을 쉽게 다룰 수 있다. 사람들이 진지해져서는 안 되는 것이다.

결국 문제는 "철학은 모든 진리를 드러내고자 하고, 세상은 그것을 원치 않는다"는 사실이다. 이런 점에서 보면, 철학은 고요한 평온을 깨고 평지풍파를 일으키는 존재다.*

---

* 칼 야스퍼스Karl Jaspers, 『철학적 사색의 작은 학교 Kleine Schule des philosophischen Denkens』

찰스 슐츠 Charles M. Schulz

나의 철학

그런데 누구든 앞의 글을 주의 깊게 읽은 사람이라면 그는 이미 철학을 하고 있는지도 모른다. 왜냐하면 도대체 철학이 무엇이기에 그러는지 알고 싶을 것이기 때문이다. 그 사람은 이미 하나의 물음, 풀어야 할 하나의 문제를 가진 셈이다. 물론 앞의 만화에서 라이너스가 찰리 브라운에게 말한 것처럼, 문제 자체를 회피할 수도 있다. 하지만 잘 생각해 보면, 문제를 회피하기에는 이미 늦었다. 철학이 무엇인가 하는 물음은 이미 던져졌고 또 답을 요구하고 있기 때문이다.

철학이 무엇인가 하는 물음에 아주 간단하게 대답하는 방식이 있다. '철학'의 서양어인 'philosophy'는 그리스어에서 유래하였는데, 말 그대로 풀이하자면 지知에 대한 사랑이나 지와의 사귐을 뜻한다. 그렇다면 철학은 간단히 '지sophia에 대한 사랑philos'이라고 정의할 수 있는 것이다.

그러면 이제 문제가 다 해결되었는가. 철학이 무엇인가 하는 우리의 문제는 이미 막을 내렸다고 할 수 있는가. 물론 그렇다고 볼 수도 있지만, 철학이 지知에 대한 사랑이라는

우리의 답은 계속해서 새로운 물음들, 그것도 아주 많은 물음을 낳는다. 예를 들어, 이런 것들이다.

"그렇다면, 무엇인가를 알고자 하는 사람은 그것이 무엇이건 상관없이 모두 다 철학자인가?"
"사람들은 도대체 얼마나 많이 '알' 수 있는가?"
"'안다는 것'은 무엇이고, '사랑'의 의미는 또 무엇인가?"
"이렇게 자꾸 문제를 던지는 태도는 라이너스의 '철학'에 어울리는 태도인가, 라이너스가 말하는 '철학'은 어떤 철학인가, 그것도 과연 철학인가?" 등등.

마지막 물음부터 살펴 보자. 이러한 문제 제기와 라이너스의 '철학'은 전혀 어울리지 않는다. 라이너스가 좋아하는 철학은 아무런 문제도 제기하지 않아야 한다는 철학이기 때문이다. 물론 이 삼단 만화를 제대로 읽은 사람이라면 라이너스의 말이 재치 있는 '역설'임을 헤아려야 할 것이다.

바로 그것이다. 이 만화 『피너츠Peanuts』의 작가 찰스 슐츠 Charles M. Schulz의 의도는 '철학의 참 모습'과 '사람들이 말하는 철학'은 서로 모순된다는 것을 보여 주려는 것이다. 만약 작가가 라이너스로 하여금 "그게 내 철학이야"라는 표현 대신에, "그게 내 견해야"라든지 "내 생각엔 그래"라는 표현을 쓰도록 했다면, 이 만화의 대사는 이해하는 데 아무런 문제가 없는 매끄러운 글이 되겠지만 만화의 생명이라 할 수 있는 익살과 재치도 없어진다. 물론 익살 그 자체가 중요한 것은 아니지만 말이다. 우리는 오스트리아의 철학자 칼 포퍼 Karl R. Popper의 다음과 같은 말에 귀 기울일 필요가 있다.

"모든 사람은 의식하든 의식하지 못하든 나름의 철학을 가지고 있다. 대체로 이 철학들이 별 가치가 없더라도 말이다. 문제는 이런 철학들이 우리의 사고와 행동에 엄청난 영향을 미친다는 점이다. 따라서 이런 철학들을 비판적으로 탐구해 볼 필요가 있다. '그것이 바로 참된 철학의 과제이다'……."

우리는 이제 위의 마지막 물음에 분명하게 답해야 한다. "라이너스도 일종의 '철학'을 가지고 있을지는 모르지만 그 철학은 참된 철학이 아니다." 한편 라이너스의 철학과 비슷한 것들은 그밖에도 많다.
"공격이 최선의 방어다."

"즐기자! 지금! 즉시!"
"죽은 인디언만이 참된 인디언이다."
"아는 것이 힘이다."

그런데 이러한 철학(사실은 인생관이나 처세술)은 '지에 대한 사랑'의 표현이 아니다. 그것은 실제적이고 구미에 맞는 진리일지는 모르지만 동시에 위험하기도 한 진리, 반쪽 진리다. 그런 처세술을 이야기하고 즐기는 사람은 이미 그 의미와 한계를 아는 사람일 수도 있다. 하지만 그들은 결코 그 이상을 추구하거나 사랑하려 하지 않는다. 다만 어떻게든 얻어낸 이 사이비 지식들에 그저 만족하고 지식들을 써먹을 따름이다.

하찮은 풀 한 줄기라도*

세상의 그 어떤 현상도 그것을 가지고 요모조모 따지다 보면 저절로 많은 의문이 생긴다. 우리가 주변에서 늘 보는 풀, 그것도 그저 하나의 풀줄기를 놓고서도 우리는 힘들이지 않고 많은 질문을 써 내려갈 수 있다.

이 풀줄기는 어떤 연유로 대지에 자리 잡게 되었을까?

풀줄기는 어떻게 땅의 표면을 비집고 나올까?

풀줄기는 사람이 베지 않으면 처음에 녹색이었다가 점차 노란색으로 변하고 결국은 갈색이 되는데, 도대체 그렇게 변하는 까닭은 무엇일까?

낫질 때문에 생긴 풀줄기의 상처는 어떻게 아물까? 상처만 아무는 것이 아니다. 그 자리에 새 살이 솟아오르는 신기한 일은 또 어떻게 가능할까?

왜 어떤 풀에서는 꽃이 피고 다른 풀에서는 안 필까? 양치류를 보면 알 수 있듯이, 꽃이 식물 번식의 절대 조건도 아닌데 풀들은 왜 꽃을 피울까?

풀줄기마다 색색의 무늬가 일정하게 반복되는 까닭은 무엇일까, 거기에는 어떤 깊은 의미가 있을까, 있다면 그 의미는 무엇일까, 아니면 우연히 그런 것일까? 또 그것이 우연이라면 자식 세대의 풀이 부모 세대의 풀과 그 모양과 무늬가 꼭 같은 이유는 무엇일까?

줄기 밑에 엉켜 있는 뿌리, 양¥창자 모양의 가닥들이 뒤엉켜 한 덩어리를 이루고 있는 그 커다란 뿌리는 왜 있을까? 뿌리가 드러난 소나무를 보면 알 수 있듯이, 하늘을 찌를 듯이 솟은 큰 소나무도 그저 나무줄기 지름의 4~5배 정도 크기의 접시 모양 뿌리로 비바람을 거뜬히 이겨내는데, 이 작은 풀은 어째서 자기 몸체의 몇 배가 되는 큰 뿌리를 가지고 있단 말인가.

가축들은 풀을 골라서 먹는다. 그렇다면 풀에도 단 풀이 있고 쓴 풀이 있다는 이야기일까?

손을 벨 정도로 예리한 풀잎이 있는가 하면 약하고 무딘 풀잎도 있는데 어떻게 그런 차이가 생겨났으며, 또 그렇게 모양이 다른 이유는 무엇일까?

왜 어떤 풀줄기는 대롱처럼 동그랗게 생겼고 어떤 것은 칼자루처럼 납작하게 생겼을까?

왜 어떤 것은 키가 크고 어떤 것은 작을까?

마른 땅에서도 죽지 않고 습지에서도 잘 자라는 것은 풀의 어떤 능력 때문일까?

그리고 이처럼 풀들이 각양각색인 것은 과연 무엇 때문일까? 무엇보다도 이런 다양성은 어디에서 유래할까?

그런데 이 많은 질문은 따지고 보면 우리 눈에 보이는 풀줄기의 여러 가지 겉모습에 관한 질문에 지나지 않는다. 눈으로는 볼 수 없는 풀의 생명에 관한 진짜 질문은 그대로 남아 있다.

풀을 자라게 하는 수액樹液의 성분은 무엇일까?
풀의 몸을 이루는 조직 세포는 어떻게 자랄까?
딱딱한 풀의 목질木質 부분은 어떻게 생겨나서 자랄까?
아니, 도대체 풀의 수액, 조직, 목질은 과연 무엇인가?
바람에 휘어도 부러지지 않고 눈에 덮여도 질식하지 않으며 소가 조금 뜯어 먹어도 죽지 않는 능력은 어디서 나올까?

우리는 이런 것들에 대해서 무엇을 알고 있는가. 또 언젠간 이 모든 것을 알 수 있다고 하더라도 진짜 그것을 다 알 사람은 몇이나 될까?

자기 발 밑 풀의 이름조차 모르면서 그 위를 걸어 다니는 사람이 얼마나 많은가. 풀이란 도대체 무엇인가?

좀 더 복잡한 유기체, 예를 들어 풀줄기에 붙어 있는 거미로 시선을 돌려 보자. 그러면 또 얼마나 많은 질문이 새롭게 생겨날까…….

눈에 보이지 않는 것들은 물음을 이어 나가는 우리의 상상력에 제동을 걸 수 있으니까 일단 빼 놓더라도, 우리는 눈에 보이는 세상의 사물들 각각에 대해서 1000개, 아니 그 이상의 물음을 던질 수 있다. 여건이 허락한다면 그렇게 묻는 일만으로도 나의 일생을 다 보낼 수 있으리라.

하지만 그저 묻기만 한다고 곧바로 어떤 지식이 생기지는 않으리라.

알브레히트 뒤러 Albrecht Dürer,
〈풀줄기〉(단면), 1503

* 슈테른 Horst Stern의 소설 『아폴리아에서 온 남자 Mann aus Apulien: die privaten Papiere das Italienschen Staufers Friedrich II』 중에서 실재 인물인 프리드리히 2세(1212~1250)가 던지는 질문들이다.

네가 무슨 생각을 하는지 알 것 같애

지식을 사랑하는 사람은 자기가 무엇을 하는지 잘 알아야 한다. 자칫하면 허위를 사랑할 수도 있고, 옳은 것을 사랑할지라도 잘못 사랑할 수 있기 때문이다.

우리가 참으로 무엇을 아는 때는 언제인가? 얼마나 알아야 진짜로 '안다'고 말할 수 있는가.

모든 것을 알 수 있을까? 결국에는 아무 것도 알지 못하는 것은 아닐까.

작은 예를 하나 들어서 이 캄캄한 질문에 빛을 비추어 보자. 세 사람이 위의 그림을 보고는 각각 이렇게 말한다.

첫 번째 사람: "글쎄······. 그림 속의 네 사람의 크기가 다른 것 같아. 하지만 잘못 봤는지도 모르겠어."

두 번째 사람: "그림 속의 네 사람의 크기는 꼭 같아. 틀림없어. 물론 증명할 수는 없지만 말이야."

세 번째 사람: "자로 직접 재 보았더니 네 사람은 1mm의 차이도 없이 똑같아. 또 자로 재 보지 않더라도 네 사람의 배경에 있는 빗금을 무시하고 생각해 보면 이 그림이 우리의 시각상의 혼란, 즉 착시錯視를 노린 것임을 쉽게 알 수 있어."

세 사람은 모두 자기 말이 옳다고 하지만 주장하는 방식이 서로 다르다.

그들의 주장을 잘 따져 보자. 우선 첫 번째 사람의 주장에는 이중의 불안감이 표현되어 있다. 한 가지는 자신의 믿는 행위 자체에 대한 불안감이고, 다른 하나는 그림 속의 사람 크기에 대해 확신하지 못하는 불안감이다. 결국 첫 번째 사람은 그저 자기가 무엇을 안다고 생각하거나 가정할 따름이다.

두 번째 사람은 문제의 그림에 대해서 대단한 확신을 하고 있다. 자기 생각이 옳다는 것을 걸고 내기라도 할 기세다. 하지만 그가 진짜로 무엇을 '안다'고 볼 수는 없다. 내기란 이기는 경우도 있고 지는 경우도 있다. 그림 속의 가방 든 네 신사가 1mm의 몇 분의 일이라도 크고 작을 가능성을 어떻게 배제한단 말인가.

자기가 무엇을 하는지 '알고' 있는 사람은 세 번째 사람뿐

임이 분명하다. 그 사람만이 자기의 주장과 문제의 그림이 일치한다는 것을 조사하고 확인했다. 다른 두 사람도 이와 같은 검증 절차를 밟을 수 있었고 또 밟아야 했다. 결국 세 번째 사람의 판단만이, 그 판단(네 신사의 크기가 같다는 판단)과 문제의 사태(그림 속의 네 신사의 실제 크기가 같은지 여부)가 100% 일치함이 확인을 통해 밝혀졌으므로, '진리'이다.

하지만 의문이 생긴다. 인간이 가지고 있는 모든 지식, 알고자 하는 모든 것을 다 이런 방식으로 검증할 수 있을까. 이미 사라진 과거 사실에 대한 판단은 어떻게 검증한단 말인가.

생각해 보면, 이런저런 것이 다 의심스럽다. 지금까지 아침이면 늘 해가 떴다. 그러면 우리는 내일 아침에도 다시 해가 뜰 것이라고 단언할 수 있는가. 우리 주변에 있는 사물의 참 모습은 과연 무엇일까. 그것은 우리가 눈, 코, 귀 등의 감각 기관으로 지각知覺하는 그 모습대로 존재하는가. 개의 후각과 청각, 새의 시각은 인간보다 훨씬 뛰어나지 않은가. 또 우리가 알고 싶어 하지만 전혀 지각할 수 없는 사람들, 문제들, 물음들은 어떻게 할 것인가.

아름다움이란 무엇일까

우리는 가끔 이런 생각을 한다.
"아름답다는 것은 과연 무엇일까?"
"어째서 우리는 어떤 사람, 어떤 사물은 아름답다고 하고 또 어떤 것은 추하다고 할까?"

그런데 이런 생각을 하다 보면, 떠오르는 것은 어느 미인의 얼굴이나 아름다운 사물의 모습이다. 푸른 하늘, 각양각색의 꽃, 그림, 이야기, 시, 꿈, 남자, 여자, 어린아이 등등. 하지만 이 모두는 '아름다운 것'이지 '아름다움 그 자체'는 아니다.

아무리 아름다워도 장미와 '아름다움'은 다른 것이다. 장미는 장미다. 그렇지 않다면 장미의 아름다움이 시들 경우에 그 장미는 무엇인가. 더 이상 꽃이 아니란 말인가. 꽃이 핀 장미가 아름다움의 표본이라고 말할 수도 없다. 만일 그렇다면 '아름다움'이라는 것은 장미꽃이 피어 있는 동안에만 존재하는 것이 된다.

이런 상황은 우리가 아름답다고 하는 다른 모든 사물의 경우에도 마찬가지다. 사물은 그 사물일 뿐이다. 하늘은 하늘이고, 시는 시고, 꿈은 꿈이다. 그것들이 언제나 아름다운 것은 아니다.

그렇다면 우리에게 아름답게 보이는 모든 사물에 공통되는 '아름다움'이라는 것은 어디에서, 어떻게 찾아야 하는가. 이 '아름다움' 자체를 아름다운 사물 하나하나에 대한 관찰을 통해 찾을 수는 없지 않을까.

우리는 사물을 갈라서 어떤 것은 아름답다고 하고 어떤 것은 그렇지 않다고 이야기한다. 도대체 사물이 그렇다는 것을 우리는 어떻게 아는가. 또 우리가 아름다움의 이상이라고 '생각'하는 것과 진짜 아름다움 그 자체는 같은 것일까.

지식을 사랑하는 사람에게는 알아야 할 것이 너무나 많다. 어쩌면 그는 모든 것을 알아야 한다. 과거에 있었던 모든 것, 현재 있는 모든 것, 그리고 언젠가 등장할 수도 있는 모든 것까지 말이다.

정말 그렇다면 철학자, 곧 진리를 사랑하는 사람은 미친 사람임에 틀림없다. 백과 사전을 한번 들춰 보라. 그러면 우리는 한 학문, 아니 그 속의 어떤 분야에서 이제까지 탐구된 것을 이해하는 것은 접어 두더라도 그저 한 번씩 살펴 보기에도 우리의 인생이 너무 짧다는 것을 쉽게 알 수 있다.

옷핀 끝을 순차적으로 확대해 찍은 사진을 보라. 이 사진

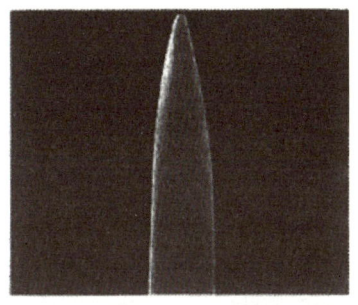

집에서 흔히 보는 옷핀을 줌 렌즈를 사용하여 각각 30배, 150배, 750배, 3750배로 확대해 찍은 사진

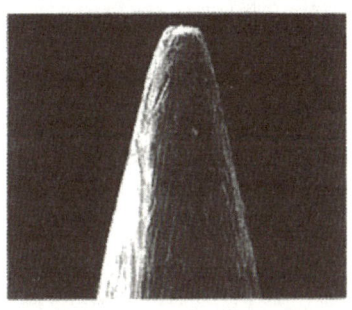

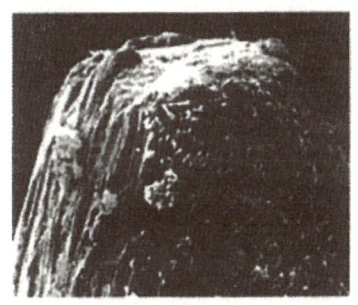

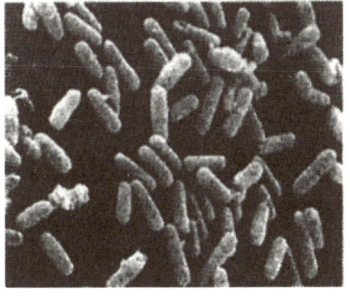

을 자세히 살펴 보면 우리는 단순한 옷핀 하나에 관해서조차 모든 것을 알기를 바라는 것이 얼마나 허망한 일인가를 쉽게 알 수 있다.

모든 것을 다 알아야만, 모든 인간에 대해서 아는 것은 물론이고 심지어 모든 풀줄기, 모든 벼룩에 대해서까지 다 알아야만 참된 지식을 논할 수 있는 것일까? 그렇지는 않다.

우리가 이것들의 근원을 이해한다면, 그리고 그것들이 서로 어떤 관계에 있는지 또 그 종착점이 무엇인지를 이해한다면, 아마도 그것으로 족하다고 할 수 있을 것이다.

'족히' 아는 정도가 인간의 일이다. 모든 것을 다 아는 것은 전지전능한 신만이 할 수 있는 일이다. 철학자를 '현명한 사람'이라 부르지 않고 지혜를 '사랑하는' 사람, 지혜를 '추구하는' 사람이라고 일컫는 것이 적절한 이유도 바로 여기에 있다.

좀 더 겸손하게 말하면 이렇다. 아무 것도 모르지만 자기의 무지無知를 잘 알고 있는 사람은 아무 것도 모르면서 자기의 무지를 알지 못하는 사람보다 훨씬 많은 것을 아는 사람이다.

당신에게 필요한 것은 사랑입니다*

쭈쭈 양에게.

사랑이란 무엇일까요.

사랑하는 사람들은 서로를 위해 무슨 일이든 합니다. 가까워지기 위해서, 그것도 그저 가까운 것이 아니라 진정으로 가까워지기 위해서, 또 두 사람의 삶을 완전한 하나로 만들기 위해서 어떠한 일도 마다하지 않습니다.

희극인지 비극인지 모르겠으나 이 꿈은 실현되지 않습니다. 인간은 그 본래의 상태를 넘어설 수 없기 때문입니다. 아무리 사랑하는 사이일지라도 인간은 근본적으로 분리된 존재입니다. 그런데도 끊임없이 하나가 되려고 애쓰는 것, 그것이 사랑입니다. 두 사람이 하나가 되는 꿈은 실현되지 않습니다. 하지만 그 안타까움의 산물인 제3의 존재, 곧 아기에게서 꿈이 실현되는지도 모르겠습니다…….

쭈쭈 양, 연애하는 사람들은 서로 몸이 닿아도 싫어하지 않습니다. 신기한 일이지요. 그런데 잘 살펴 보면 이 감미로운 사랑의 느낌은 연애하는 사람들에게만 있는 것은 아닙니다. 온 세상에서 사랑의 증거를 발견할 수 있습니다. 길모퉁

이의 어린 거지가 당신에게 구걸합니다. 당신은 그저 돈 몇 푼을 줄 수도 있습니다. 그러나 당신은 장갑도 안 낀 맨손으로 어쩌면 이가 있을지도 모르는 그 어린 거지의 머리칼을 다정하게 쓰다듬고 그의 눈에 미소를 보냅니다. 그리고 나서 전보다 더 행복한 마음으로 가던 길은 간다면, 그것이 바로 따듯한 사랑의 증거가 아니고 무엇이겠습니까…….

 주변을 살펴 보세요. 전에 보던 대로 보지 말고 지금 처음 본다고 생각하고 주변의 사람들을 한번 살펴 보세요. 그러

면 당신은 여기저기서 사랑의 증거와 징후를 발견하게 될 것입니다. 인사할 때 손을 잡는 악수는 그저 습관이고 일상적인 관습입니다. 이런 악수에는 큰 의미가 없습니다. 하지만 사랑하는 사람들은 다릅니다. 어쩌면 그 이상의 무엇이 아직 허락되지 않아서인지는 모르겠습니다만, 사랑하는 사람들은 서로 손을 잡으면 이 접촉을 아주 행복한 마음으로 즐깁니다…….

잘 음미해 보면, 이 모든 일은 정말 불가사의한 일입니다.

알브레히트 뒤러〈아담과 이브〉, 1504

그것은 인간이 자연 상태를 넘어서는 작은 축제요, 낯선 사람에게 느꼈던 껄끄러움을 거부하는 몸짓이요, 은밀하게 온 세상에 퍼져 있는 사랑의 증거들입니다.

* 사랑을 주제로 한 이 글은 토마스 만Thomas Mann의 소설 『고등 사기꾼 펠릭스 크룰의 고백 Die Bekenntniss des Hochstaplers Felix Krull』의 한 대목이다. 소설의 주인공 크룰이 쭈쭈Zouzou라는 포루투갈 처녀에게 사랑에 대해 이야기하고 있는 대목이다.

필요하기 때문에 생각한다

철학은 앎에 대한 '사랑'이지 지식을 정복하여 지배하고 관리하는 일이 아니다. 이 사실만으로도 철학에 호감을 가질만하지 않을까. '사랑'이란 사람들이 서로에게, 즉 부모 자식 사이에, 남녀 사이에, 친구 사이에 혹은 적에 대해 가질 수 있는 가장 아름다운 감정이다. 모든 사랑은 사랑하는 대상에 특별한 가치를 부여한다. 또 그런 만큼 그 사랑하는 것에 늘 마음을 쏟고 그것을 애모한다.

　사랑하는 사람은 그 '대상'에 몰두하고 그것을 위해 온 마음을 바친다. 그렇기 때문에 그 대상이 멀어지거나 상처를 입으면 그만큼 고통을 받고, 나의 사랑에 상응하는 보답으로서의 사랑을 받지 못하면 괴로워한다. 이 점에서는 감각적인 사랑이나 정신적인 사랑이나 마찬가지다.

　도대체 우리는 왜 사랑을 하는 걸까? 그 중에서도 진리를 사랑하는 이유, 진리를 사랑하게 되는 이유는 또 무엇일까? 이 물음은 왜 사는가라는 물음만큼이나 그 답이 간단하다. 우리가 무엇을 사랑하게 되는 이유는 무엇보다도 그 대상이, 그것이 사람이든 사물이든 아니면 어떤 상황이든 우리

마음을 편안하게 해 주고 우리에게 아름다운 감정을 갖도록 하기 때문이다. 또 인간은 자기 자신만으로는 만족할 수 없다. 앎에 대한 사랑도 마찬가지다. 아니, 그저 무엇인가를 '보고 싶어 하는 마음'에서도 이미 이러한 요소들을 발견할 수 있다. 인간은 어쩔 수 없이 자기의 부족한 반쪽을, 나를 완성시켜 줄 것 같은 반쪽을 찾게 마련이다. 육체적인 사랑, 성적인 욕구를 생각해 보면 이점은 너무도 분명하다.

결국 인간은 "필요하기 때문에 생각한다", 다시 말해 "앎을 사랑하는 까닭은 그것이 요구되기 때문"이라고 할 수 있다.

하지만 사람은 일단 무엇을 얻고 나면 그것으로 만족하지 않고 좀 더 높은 것을 요구하기 마련이다. 따라서 앎에 대한 사랑이 깊으면 깊을수록 그 꿈이 깨어질 위험도 커져 간다고 할 수 있다. 왜냐하면 아무 것도 모를 때와는 달리 무엇인가를 알고 나면 바로 그 순간부터 새로운 의문들이 꼬리를 물기 때문이다. 바꿔 말하자면, 인간은 무엇인가 알았다고 생각하는 그 순간 비로소 자기가 얼마나 많은 것을 모르고 있는지를 깨닫게 된다. 그래서 "알면 알수록 문제가 많아진다"고 하지 않는가. 모름지기 '지식의 섬'이 넓어지면 넓어질수록 그 섬을 둘러싸고 있는 '회의懷疑의 해변'은 길어지기 마련이다.

그렇다면 순진무구한 어린이의 상태, 무지한 자연 상태로 돌아갈 것인가. '인식의 나무'에서 열매(선악과)를 따먹은 이상, 그럴 수 없는 것이 인간의 운명이다.

더 이상 아무 것도 알려고 하지 않는 사람*

"나는 더 이상 아무 것도 알고 싶지 않아."
더 이상 아무 것도 알고 싶지 않은 한 남자가 말했다. 더 이상 아무 것도 알고 싶지 않은 이 남자가 다시 말했다.
"나는 더 이상 아무 것도 알고 싶지 않단 말이야."
이번에는 아주 빨리 말했다. 왜냐하면 전화벨이 울리고 있었기 때문이다.
더 이상 아무 것도 알고 싶지 않다면 전화선을 뽑아 버려야 할 텐데, 그 남자는 무심결에 수화기를 들고 자기 이름을 댔다.
"안녕하세요?"
저쪽에서 목소리가 들렸다 그러자 이 남자도 "안녕하세요?"하고 대꾸했다.
"오늘 날씨가 좋네요."
저쪽에서 말했다.
그러자 이 남자는 '더 이상 아무 것도 알고 싶지 않다'는 말은 하지 않고, "예. 날씨가 참 좋네요"라고 대답했다.
저쪽에서 뭐라고 또 이야기하고, 이 남자가 또 뭐라고 대꾸했다.
 그런데 전화를 끊고 나자 이 남자는 화가 났다. 날씨가 좋다는 것을 알아 버렸기 때문이다.
 화가 난 그는 전화선을 뽑아 버리고 소리쳤다.
 "나는 그런 것조차 알고 싶지 않단 말이야. 잊어 버릴 거야."
 그는 성급하게, 아주 빠른 어조로 말했다.
 왜냐하면 창을 통해 들어온 햇빛 때문에 날씨가 좋다는 것을 알았다는 생각이 들었기 때문이다.
 그는 얼른 덧문을 닫았다. 하지만 창 틈새로 햇빛이 들어왔다. 그래서 이번에는 종이를 가져다가 유리창에 붙였다. 방 안이 어두워졌다.
 그렇게 오랫동안 앉아 있었다. 그때 그의 부인이 들어왔다. 그녀는 유리창에 온통 종이가 붙어 있는 것을 보고는 깜짝 놀라 소리쳤다.
 "아니, 어쩌자는 거예요?"
 "햇빛이 들어오는 것을 막으려고."
 "너무 캄캄하잖아요."
 "그건 그래." 남자가 대답했다. "하지만 그편이 나아. 해를 가리면 빛이 안 들어오는 건 사실이지만, 적어도 날씨가 좋다는 사실을 아는 것을 피할 수 있잖아."
 "날씨가 좋은 게 싫으세요?" 부인이 물었다. "날씨가 좋으면 기분이 좋잖아요."

"좋은 날씨에 대해 무슨 감정이 있는 건 아니야." 남자가 대꾸했다. "나는 날씨에 대해 아무 생각이 없어. 나는 그저 날씨가 어떻다는 것을 알고 싶지 않을 뿐이야."

"그럼 불을 켜세요."

부인이 막 불을 켜려 하자 그 남자는 천장의 등을 떼어 버리고는 말했다.

"나는 그런 것도 더 이상 알고 싶지 않단 말이야. 불을 켤 수 있다는 사실조차도 알고 싶지 않아."

부인은 흐느끼기 시작했다.

그래도 남자는 마찬가지였다. "나는 도대체 아무 것도 알고 싶지 않아."

그녀는 그가 무슨 말을 하는지 알아듣지 못했다. 그녀는 울음을 그치고는 남편을 어둠 속에 남겨 둔 채 방에서 나갔다. 남자는 그러고도 오랫동안 어둠 속에 앉아 있었다.

사람들이 찾아와 남편의 안부를 묻자, 부인이 설명했다.

"글쎄, 그렇다니까요. 그이는 깜깜한 데 앉아서는 아무 것도 알고 싶지 않대요."

"무엇이 알고 싶지 않다는 거요?"

"아무 것도, 도대체가 아무 것도 알고 싶지 않대요. 그이 눈에 보이는 것, 예를 들어 날씨가 어떻다는 것도 알고 싶지 않고, 귀에 들리는 것, 예를 들어 사람들이 하는 얘기도 알고 싶지 않대요. 또 그이는 이미 알고 있는 것, 예를 들어 전등을 켜는 법도 더 이상 알고 싶지 않대요. 글쎄 그렇다니까요."

"아, 그래요."

사람들은 이제 알았다는 듯이 대답을 하고는 더 이상 찾아 오지 않았다.

남편은 여전히 어둠 속에 앉아 있었다. 부인이 먹을 것을 가져다 주며 물었다.

"당신이 더 이상 알고 싶지 않은 게 뭐예요?"

그러나 남편은 "나는 이미 모든 것을 알고 있단 말이야"라고 말했다. 그는 자기가 여전히 모든 것을 알고 있다는 사실이 매우 슬펐다.

부인은 그를 위로하면서 말했다.

"하지만 당신은 오늘 날씨가 어떤지 모르잖아요."

"오늘 날씨가 어떤지는 모르지." 남편이 말했다. "하지만 나는 날씨라는 게 어떤 건지는 이미 알고 있단 말이야. 지난번 비 오던 날도 생각나고 화창한 날도 생각이 나."

"잊으세요."

부인이 말했다.

그 뒤로도 그 남자는 계속 어둠 속에 앉아 있었다. 부인은 매일 먹을 것을 날라다 주었다. 그럴 때면 그는 접시를 들여다 보면서 말했다.

"나는 저게 감자라는 걸 알아. 또 저건 고기고, 이건 양배추고. 다 소용없군. 나는 앞으로도 언제나 이 모든 것을 알 거야. 내가 내뱉는 말은 모두 내가 알고 있단 말이야."

얼마 지나 다시 밥 때가 되었다. 그녀가 식사를 들여오며 물었다.

"또 알고 있는 게 뭐예요?"

"나는 전보다 더 많이 아는 것 같아. 좋은 날씨가 어떻고 나쁜 날씨가 어떻다는 건 물론이고, 날씨를 확인할 수 없는 지금 이 상태에 대해서도 안단 말이야. 그리고 나는 또 알아. 지금 아주 어둡지만 그래도 완전히 어둡지는 않다는 것을 안단 말이야."

"하지만 아직도 당신이 모르는 것들이 있어요."

그녀가 대꾸하고 나가려 하자 그가 붙들었다. 그러자 그녀는 "당신은 '좋은 날씨'를 중국어로 뭐라고 하는지 모르잖아요"라고 말하면서 문을 닫고 나가 버렸다.

더 이상 아무 것도 알고 싶지 않은 이 남자는 갑자기 생각

알브레히트 뒤러, 〈철갑코뿔소〉, 1515

하기 시작했다. 사실 그는 중국어를 전혀 모른다. 그렇다면 그가 '중국어도 알고 싶지 않다'고 말하는 것은 아무런 의미가 없다. 왜냐하면 그는 도대체 중국어에 대해서는 아무 것도 모르기 때문이다.

이 사실을 깨닫자 그 남자는 소리쳤다.

"내가 알고 싶지 않은 것이 있다면 그것이 뭔지 먼저 알아야 해."

그러고는 창을 열어젖히고 덧문을 열었다. 창 밖에는 비가 내리고 있었다. 그는 내리는 비를 물끄러미 바라보았다. 그러다가 서둘러 시내로 나가 중국어 책 몇 권을 샀다.

그 뒤 몇 주 동안 그는 중국어 책들을 들추면서 종이에 한자를 그렸다. 얼마 지나 사람들이 궁금해서 다시 찾아 왔다. 남편에 대해 묻자, 부인은 요즈음의 사정을 이야기하였다.

"글쎄, 그랬다니까요. 그래서 그이는 요새 중국어 공부를 하고 있어요."

그 뒤로 다시 사람들의 발길이 끊겼다.

그렇게 몇 년이 지나자 그는 중국어를 터득했다. 그런데 그 사실을 깨닫는 순간 그는 이렇게 말했다.

"하지만 아직 충분히 알지 못했어. 모든 것을 알아야 해. 그래야만 그 모든 것을 더 이상 알고 싶지 않다고 말할 수 있지. 포도주 맛이 어떤지도 알아야 하고, 좋은 포도주와 나쁜 포도주의 맛도 분간할 줄 알아야 해. 내가 먹는 감자는 어떻게 심는지도 알아야 하고, 달의 실제 모습이 어떤지도 알아야 해. 그동안 달을 늘 보아 왔지만 그 진짜 모습이 어떤지는 내가 모르니까 말이야. 그뿐인가. 동물들의 이름을 알아야 하고 그것들이 어떤 모양을 하고 있는지, 어떻게 움직이고 어떻게 사는지 알아야 해."

그는 집토끼, 닭, 숲에서 사는 동물, 그리고 곤충에 관한 책을 각각 한 권씩 샀다. 또 철갑코뿔소에 관한 책도 한 권 샀다. 그런데 철갑코뿔소의 그림을 보는 순간 정말 예쁘다는 생각이 들었다.

그래서 곧바로 동물원으로 달려갔다. 철갑코뿔소는 커다란 울 안에 가만히 서 있었다.

그는 철갑코뿔소가 무엇을 생각하거나 알고자 할 때 어떤 행동을 하는지 잘 살펴보았다. 코뿔소에게 그것은 무척 힘든 일인 것 같았다. 코뿔소는 무엇인가 생각이 떠오를 때마다 기뻐 날뛰며 울타리를 두세 바퀴 돌았다. 그런데 그렇게 뛰다 보면 그 생각을 잊는 것 같았다. 일단 잊고 나면 다시 서서는 오랫동안 움직이지 않았다. 그러다가 또 무언가가 생각나면 다시 뛰었다.

그런데 그 코뿔소는 점점 더 서둘러 뛰었기 때문에 결국에는 아무 생각도 하지 않는 것 같았다.

"나도 철갑코뿔소처럼 되면 좋을 텐데." 그 남자가 말했다.
"하지만 그러기에는 너무 늦었어."

그는 집으로 돌아와서 오늘 본 코뿔소에 대해 다시 곰곰이 생각했다. 오직 그 생각만 하고 더 이상 아무 말도 하지 않았다.

그러다 갑자기 무언가 깨달았다.

"그 코뿔소는 아주 천천히 생각했고, 뛰는 건 빨랐어. 바로 그거야."

이제 그는 "무엇을 먼저 알아야 그것을 잊을 수 있다"는 생각을 버리게 되었다. 그의 생활은 전과 같아졌다.

다만 한 가지 다른 것이 있다면, 그는 이제 중국어를 할 줄 알았다.

* 비셸Peter Bischel의 『동화책 Kindergeschichten』 가운데 「더 이상 아무 것도 알려고 하지 않는 사람 Der Mann, der nicht mehr wissen wolte」

최초의 철학자

최초의 철학자로 불리는 사람은, 기원전 625년 소아시아 이오니아 지방의 아주 강력하고 부유한 도시 밀레토스에서 태어나 545년에 죽었다고 전해지는 탈레스Thales다. 그의 일생에 대해서는 알려진 것이 많지 않지만, 그가 이곳저곳을 여행했고 그러다가 이집트까지 다녀왔다는 사실은 전해진다.

탈레스보다 약 300년 뒤에 살았던 저명한 철학자 아리스토텔레스Aristoteles(기원전 384~322)는 탈레스를 영리하다 못

해 약삭빠른 사업가로 묘사하고 있다. 예를 들면 탈레스는 어느 때인가 올리브 농사가 아주 잘 될 것을 미리 알고, 인근의 기름 짜는 기계를 모두 사들였다. 결국 사람들은 추수가 끝난 뒤에 아주 비싼 이자를 물고 탈레스에게 기계를 빌려야 했다는 얘기다. 이 얘기가 진짜인지는 확실하지 않다.

한편 거의 확실한 것으로 전해지는 이야기에 따르면, 탈레스는 한때 정치에 몰두했으며 만년에는 수학과 천문학 연구에 종사했다고 한다. 그러던 어느 날, '아주 철학적인' 사건이 벌어진다.

이 최초의 철학자가 별을 관찰하기 위해 하늘을 쳐다 보며 걷다가 우물에 빠진 것이다. 마침 지나가던 한 하녀가 그를 끌어올렸는데, 그 하녀의 조롱이 의미심장하다.

"철학자는 하늘에 있는 것을 알려고 하지만 정작 자기 발밑에는 무엇이 있는지조차 모르더라고요!"

탈레스에 얽힌 재미있는 이야기가 또 있다. 사람들이 왜 당신은 아이를 갖지 않느냐고 묻자 그는 "아이들을 사랑하기 때문"이라고 대답했다고 한다.

탈레스가 가장 관심을 가진 주제는 우리 주변에 있는 사물의 본질, 그 참 모습이 무엇인가 하는 것이었다. 특히 그는 만물의 시초, 만물의 원천은 무엇인가를 물었다.

오랜 숙고 끝에 탈레스가 찾아낸 답은 다름 아닌 '물'이 만물의 근원이라는 것이었다.

철학의 탄생

초원의 양이 놀란 눈으로 나를 응시한다.
마치 나한테서 최초의 인간 남자를 보았다는 듯이.
응시하는 그 눈초리. 우리도 그 양처럼 섰다.
나로 말하자면, 난생 처음 양을 보는 것 같다.
　　　　　모르겐슈테른 Christian Morgenstern

응시하는 눈

이 모든 물음들은 도대체 어디에서 오는가?

우리는 앞에서 독일 시인 크리스티안 모르겐슈테른의 4행시 「철학의 탄생」을 읽었다. 그가 이 시에서 은유적으로 묘사하고 있는 '철학의 탄생'은 무엇일까. 그는 분명 철학의 역사적 기원을 이야기하는 것이 아니다. 아마도 그는 이 시에서 모든 철학적 사고의 '원천'을 이야기하는 것 같다. 탈레스를 비롯한 많은 철학자로 하여금 '이성의 잠'에서 깨어나게 한 철학적 사고의 원천 말이다.

대부분의 사람은 주변 사물들을 접하면서 그것을 아주 당연하게 생각한다. 또 아무런 문제도 없다는 듯이 살아간다.

모르겐슈테른 시의 '인간 남자'도 전에는 마찬가지였을 것이다.

그는 여러 차례 그 들판을 지나쳐 갔지만 그저 덤덤하게 지나 갔다. 때로는 위를 올려다 봤지만 그것이 뭐 대단하단 말인가. 하늘과 빛나는 태양이 있다. 내 앞에는 또 무엇이 있냐고? 그런 어리석은 질문을……. 그거야 초원에 잇닿은 길이 있고 초원에는 양들이 풀을 뜯고, 뭐 그런 것 아닌가.

그런데 이 시에서 보면 바로 그 남자에게 무슨 일이 일어난 것이다. 이상하다는 듯이 뚫어져라 쳐다 보는 양의 두 눈을 보는 순간, 갑자기 이 남자는 무엇엔가 이끌린 듯 놀랄 수밖에 없었다. 그는 마치 양을 처음 보고는 도대체 저게 뭔가 하고 생각하는 어린아이 같이 되었던 것이다.

고대 그리스의 철학자 아리스토텔레스는 이런 상황을 다음과 같이 묘사했다.

"사람들이 철학을 하게 된 원인은 다름 아닌 놀라움이었다. 사람들은 처음에는 낯선 것을 보고 놀랐다. 그런데 점점 놀라움의 대상이 확대되었다. 그래서 달과 태양의 변화에 대해 묻게 되고, 결국엔 만물의 근원에 대해서까지 물음을 던지게 되었다."

놀라움 속에서 의문을 제기하는 태도야말로 모든 지식 탐구의 '동력'이다. 지식 탐구는 이 동력이 꺼지지 않아야 지속된다. 하지만 유감스럽게도 이 동력은 생각보다 쉽게 꺼지곤 한다.

어린아이들은 현실 세계에서 무엇을 접할 때마다 질문을 던지곤 하는데, 이것은 자연스럽고 또 필연적인 것이다. 왜냐하면 그렇게 해서, 아니 그렇게 해야만 세계를 배울 수 있기 때문이다.

누구나 다 철학자다

그런데 나이가 들면서 주변에 있는 사물이 무엇이며, 그것을 뭐라고 부르는지 하나둘씩 '알고 나면' 호기심은 사라진다. 특히 어른들의 경우에는 조급해 하고 또 아는 체하기 때문에 호기심은 더더욱 사그라진다. 참으로 유감스러운 일이다.

어린아이가 던지는 대부분의 질문은 그저 재미있기만 한 것이 아니라, 실은 과학자나 철학자도 답하기 어려운 아주 난해한 것들이다. 예를 들어 어린애들은 이렇게 묻는다.

"저것(저 사물)은 왜 있어요?"
"왜 착한 일만 해야 하고 나쁜 일은 하면 안 되나요?"
"왜 죽나요. 그건 누구 때문인가요?"
"시간은 누가 만들었어요?"

청소년들은 11살에서 13살 정도가 되면, 순진하던 어린이의 세계를 뒤로 하기 시작한다. 그러면서 사춘기에 접어

드는데, 사춘기의 청소년들은 보통 자기 자신과 부모, 그리고 선생님에 대해서까지 회의하기 시작한다. 아니, 때로는 세상 전체를 문제시한다. 무엇인가를 조금씩 알면 알수록, 그리고 독립심이 강해질수록 믿음의 자리에 회의가 대신 들어서는 것이다. 이것은 자연스러운 일이며, 또 매우 중요한 의미를 지닌다. 왜냐하면 그래야만 자기 자신을 발견할 수 있기 때문이다. 나름대로 자기 자신과 세계를 이해하는 것은, 눈앞에서 벌어지는 일이나 사태를 그대로 수용하지 않고 또 부모나 선생님의 말씀을 액면 그대로 받아들이지 않고 '왜 그래야만 하는가'를 묻고 따지는 비판적 행위를 거쳐야만 가능하다.

꼬마들은 아기 예수와 산타클로스의 존재를 굳게 믿는다. 그런데 어느 성탄절 전야에 어머니가 옷장 속에다 선물 꾸러미를 감추는 것을 꼬마가 보았다.

"혹시 산타클로스가 준다는 선물이 바로 저거 아닐까?"

꼬마는 의심이 들었다. 드디어 성탄절이 오고, 꼬마는 어머니가 감추었던 바로 그 선물 꾸러미가 크리스마스 트리 아래 놓여 있는 것을 확인한다. 그러고 나면 이 아이는 아기 예수란 그저 아름다운 이야기일 뿐이라는 것을 확신하게 된다.

아이는 자라면서 과연 하느님이 존재하는지, 하느님 얘기도 따지고 보면 어른들이 꾸며낸 이야기는 아닌지 하는 의문을 품는다. 또 개중에는 '정말로 하느님이 계시다면 하느

님은 왜 세상에 끔찍한 일들, 나쁜 일들이 생기도록 하시는 걸까' 하는 의문도 갖게 될 것이다.

만약에 신이 존재하지 않는다면 어떻게 될까? 그러면 인간은 모두 맹목적인 운명의 장난감에 지나지 않는가, 아니면 인간은 결국 생물학적인 자질과 교육에 의해 만들어지는 존재인가. 아니 도대체 '나'란 존재의 본질은 무엇인가. 또 내 인생의 의미는 무엇인가. 이 가운데 특히 마지막 물음은 죽음에 임박한 많은 사람이 자기 삶을 되돌아 보며 던지곤 하는 물음이다.

"그동안의 나의 행위는 옳은 행위였나, 아니면 나의 일생은 하나의 오류일 뿐인가."

"죽고 나면 그 다음엔 어떻게 될까?"

한 인간이 성장해 가는 과정과 유사하게 인류도 여러 가지 서로 다른 삶의 단계를 밟아 왔다고 할 수 있는데, 인류는 그 발전 단계가 달라질 때마다 항상 새로운 물음을 던져 왔다.

고대는 인류의 '어린 시절'에 해당한다. 이 어린 시절에 인류는 변화 무상한 자연 현상들을 개념적으로 파악하고 이해

로버트 크럼 Robert Crumb

할 수 없었기 때문에 그저 그 앞에 서 전율하고 의문을 품을 뿐이었다. 고대인들은 설명할 수 없는 자연 현상을 신들의 소행이라 생각하고는 신들에게 자신들을 보호해 달라고 빌었다. 자연과학이 등장하고 사물의 진상이 밝혀지기 시작한 것은 세월이 많이 흐른 뒤였다. 이제는 지구라는 것이 무한한 우주를 떠다니는 하나의 행성일 뿐이라는 사실을 알게 되었다. 신(들)에 대한 인간의 믿음이 뿌리째 흔들린 것은 물론이다. 세월이 더 흘러, 인간의 위대한 기술적 진보는 급기야 첨단의 현대 세계를 만들어냈다.

그런데 오늘날은 이 위대한 기술 진보가 낳은 여러 가지 재앙들(가공할 무기 생산, 환경 파괴, 기아, 전쟁, 재난 등)로 인해 인간은 신만이 아니라 자기 자신에 대해서까지 회의하게 되었다.

이 점에 비추어 보면, 현대인들은 철학자(지혜를 사랑하는 사람)가 될 수 있는 조건을 이미 갖추고 있는 셈이다. 철학적 사고에 취미가 있는가 없는가, 또 생각할 시간이 있는가 없는가는 둘째 문제다. 돈도 좀 있고 어느 정도 유복한 상태여야, 그리고 교육도 좀 받아야 철학을 하는 것 아니냐는 생각도 마찬가지다. 이런 태도는 철학을 일종의 '사업'으로 보는 태도와 크게 다르지 않다. 만일 그렇게 생각한다면 오늘날과 같이 속도가 빠른 소비 시대, 정보화 시대에 철학 '사업'

을 영위하는 것은 쉬운 일이 아니다.

철학을 한다는 것은 의미 있는 일이고 또 대단히 중요한 일임이 분명하다. 왜냐하면 '지에 대한 사랑'으로서의 철학은 궁극적으로 인생의 근본 문제들을 해명하고 그 답을 찾는 일이기 때문이다. 자기 자신이 누구인지조차 모르는 채 일생을 헛되이 보내는 것처럼 허망한 일이 또 있을까.

구멍 이야기*

구멍난 곳에는 아무 것도 없다.

하지만 모든 구멍은 구멍이 아닌 것, 이름하여 '비非구멍'과 영원히 함께 한다. 유감스러운 일이지만, 구멍만으로 존재할 수는 없다.

온통 무엇으로 차 있다면, 구멍은 없다. 온통 무엇으로 차 있어서 '빈 곳'이 없으면, 철학도 없고 종교도 없으리라. 구멍이 없으면 쥐도 인간도 살 수 없다. 만일 어떤 물체가 쥐나 인간을 누르려고 하면 구멍이야말로 최후의 피난처다. 구멍은 항상 좋은 것이다…….

구멍에서 가장 특징적인 것은 구멍의 가장자리이다. 그것은 구멍난 그 무엇, 예를 들어 구멍난 물질의 일부이며 그것에 속해 있다. 하지만 구멍의 가장자리가 언제나 바라보는 것은 빈공간이요 무無다. 구멍의 가장자리는, 비유하자면 구멍난 물질의 국경 수비대다. 이 국경 수비대는 국경 너머의 허공을 소유할 수 없다.

구멍 가장자리의 분자들은 구멍을 들여다 볼 때마다 현기증을 느낀다. 그러면 빈 구멍 속의 분자들은 어떨까. 그것들은 '안정되어 있다'고 해야 하나? 그것을 표현할 말은 없다. 우리의 언어는 존재 세계의 사람이 만든 언어다. 구멍 속의 사람들은 그들의 말을 한다.

구멍은 항상 정적靜的이다. '떠돌아 다니는 구멍'은 없다. 아니, 정확히 말하면 그런 구멍은 거의 없다. 구멍과 구멍이 만나서 결혼도 할 수 있으리라. 하지만 그러고 나면 그 두 구멍은 하나가 된다. 상상을 불허하는 아주 신기한 일들이 있는데, 이것도 그런 것 가운데 하나다. 두 구멍이 서로 접근해서 교차하는데 그들 사이를 가르는 격막膈膜이 없다고 해 보자. 그러면 오른쪽의 가장자리는 어느 구멍의 것인가. 왼쪽 구멍의 것인가. 아니면 오히려 왼쪽의 가장자리가 오른쪽 구멍의 것인가. 오른쪽 가장자리는 오른쪽 구멍의 것, 왼쪽 가장자리는 왼쪽 구멍의 것인가. 아니 양쪽 가장자리가 다 오른쪽 구멍의 것이기도 하고 왼쪽 구멍의 것이기도 한가.

나는 그저 내 걱정이나 할까 보다.

만일 구멍이 무엇으로 채워지면, 그 구멍은 어디로 가는가. 구멍을 둘러싸고 있는 물질 쪽으로 밀려나는가. 아니면 누가 내 구멍을 막는다고 다른 구멍한테 고자질하러 가는가. 도대체 막혀 버린 구멍은 어디에 있단 말인가. 누구도 그것을 알 수 없다. 우리 지식에 구멍이 난 셈이다.

하나의 사물이 있는 곳에는 다른 사물이 자리할 수 없다. 그러면 하나의 구멍이 있는 곳에는 어떤가. 그 자리에 다른 구멍이 들어올 수 있는가. 어째서 반쪽짜리 구멍은 없는가. 이렇게 말하는 사람들이 있다. 그래서 구멍은 부정적인 것이라고……

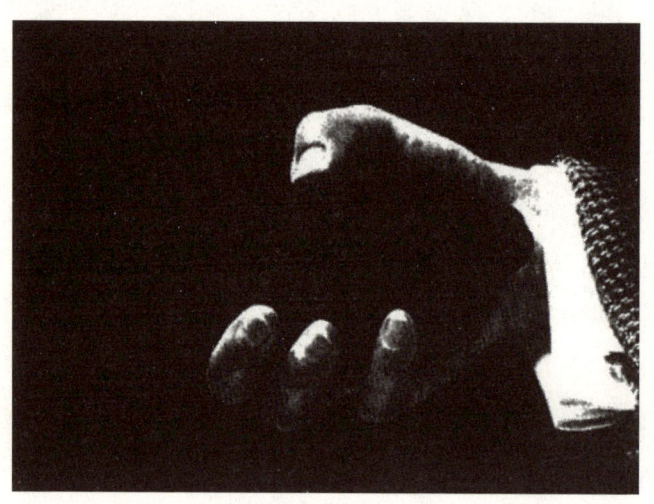

* 투콜스키Kurt Tucholsky, 『구멍에 대한 사회 심리학적 고찰Zur sogiologischen Psychologie der Löcher』, 1931 중에서

어째서 그럴까?
왜 그럴까?
무엇 때문에 그럴까?

'세서미스트리트Sesamestreet'를 한 번이라도 본 어린이라면, 지식을 얻기 위해서는 무엇을 해야 하는지 잘 알 것이다. 세서미스트리트를 보면 "어째서 그래? 왜 그래? 무엇 때문에 그래?"라든지 "자꾸 묻지 않으면 바보가 된다"는 대사가 자주 나오는데, 바로 이런 태도가 지식 획득을 위한 기본 태도이기 때문이다.

이것은 과학에는 물론이고, 철학에도 잘 들어맞는 얘기다. 하지만 모든 처방이 그렇듯이, 그것을 제대로 실천하기란 생각처럼 쉬운 일이 아니다.

질문은 하늘에서 떨어지지 않는다. 문제를 제기하기 위해서는 먼저 어느 정도의 예비 지식이 있어야 한다.

예를 들어 보자. 다른 사람에게 시간을 묻는 사람은 '시간'이 무엇인지 알고 있어야 한다. 또 시간은 흘러간다는 사실, 시간은 시계를 가지고 측정할 수 있다는 사실 등을 알고 있어야 한다.

　자동차가 고장인데 자동차 구조에 대해서 전혀 아는 것이 없다고 해 보자. 그러면 "왜 그럴까? 무엇 때문에 그럴까? 어째서 그럴까?" 하고 아무리 물어 봤자 소용없는 일이다. 자동차의 결함을 성공적으로 제거하기 위해서는 무엇보다도 엔진이 어떻게 작동하는지를 사전에 알고 있어야 한다. 또 차를 굴리기 위해서는 휘발유가 필요하다는 사실, 벨트와 카뷰레터가 필요하다는 사실도 알고 있어야만 한다.
　그래야만 상황에 맞는 '정확한 질문'을 하고, 또 경우에 따라서는 보닛을 열고 직접 차의 문제점이 무엇인지 찾아낼 수 있다.
　물론 예비 지식이 있다고 다 되는 것은 아니다.

우리는 매일 수백 명의 사람과 수백 가지 사물을 접하지만 우리가 그것에 대해서 무언가를 알기 위해서는 무엇보다도 '흥미'와 '관심'이 있어야 한다. 하늘이 무엇이며 어떤 색인지는 누구나 안다. 하지만 "왜 하늘은 초록색이나 노란색이 아니고 푸른색일까?" 하는 물음은 하늘에 대해 관심과 흥미를 가진 사람만이 던질 수 있다.

그래도 문제는 남는다. 적절한 예비 지식이 있고 또 관심이 있어서 문제 제기를 정확히 했다 할지라도 그 문제의 답을 찾을 수 없는 경우가 있다.

예를 들어 답을 찾기 위해서 어떤 사물이나 사람에게 '조회照會'해야 하는데, 바로 그 사물이나 사람을 찾지 못하는 경우가 있다는 것이다. 경찰 수사가 종종 벽에 부딪치는 것은 그런 이유 때문이다. 경찰은 범죄 신고가 들어오면 범행 과정을 재구성하기 위해 목격자를 찾지만 그 유일한 목격자가 나타나지 않으면 수사는 벽에 부딪친다.

과학자들이 평생 고심하는 문제도 이와 비슷하다고 할 수

있다. 과학자들은 어떤 문제의 해결을 위해 애쓰지만 어디서 해결책을 찾아야 할지 알 수 없는 경우가 많다. 이처럼 곤란한 경우에 기댈 수 있는 것은 요행뿐이다.

 이 모든 것이 조화롭게 다 갖춰지면, 다시 말해서 예비 지식이 있고 관심도 있으며 정확한 문제 제기와 거기에 합당한 조회물이나 조회자를 갖추면 답이 나온다. 하지만 우리가 답을 얻는 순간 새로운 물음과 문제들, 이제껏 생각도 해 보지 못한 문제와 물음들이 또 다시 생긴다.

 그러면 우리의 문답놀이, 묻고 답하는 과정은 처음부터 다시 시작된다.

질문이 있습니까?*

에른스트 블로흐 Ernst Bloch(1885~1977)

아무 것도 없다가도, 즉 무無로부터도 무엇인가가 생깁니다. 하지만 그러기 위해서는 그 무無 속에 이미 무엇인가가 있어야만 합니다.

사전에 계획하지 않고는 결코 그 무엇을 얻을 수 없습니다.
적어도 바람이 있어야만 무엇을 얻을 수 있습니다.
우리가 얻은 모든 것은 산물처럼 주어진 것이 아닙니다.
아무리 희미한 기분으로라도 먼저 묻는 행위가 있어야만 합니다.
묻지도 않았는데 답이 주어질 수는 없지 않을까요?
이것은 아주 명명백백한 사실입니다. 그런데도 쉽게 지나쳐버립니다.

* 독일 철학자 블로흐의 책, 『주체-객체 Subject-Object』의 서문 중에서

스스로 생각해 보세요*

상상이라는 가치에 그저 몸을 내맡기는 사람, 그냥 생각나는 대로 생각하는 사람은 멀리 가지 못합니다. 그 사람들은 얼마 가지 않아 희미한 말, 아무런 생기도 없는 말이나 늘어놓는 뭇사람들 사이에 푹 빠지게 될 겁니다.

고양이는 높은 곳에서 떨어져도 넘어지지 않습니다. 하지만 사고할 줄 모르는 사람, 그저 머리에 떠오르는 것을 단순히 짜 맞추거나 통속적으로 생각하는 사람은 영원한 과거로 떨어지고 맙니다. 그런 사람은 다른 사람이 반복해 온 것을 다시 반복할 뿐이며, 상투적인 빈말만 늘어놓기 일쑤입니다.

진정한 사고란 이미 정해진 코스를 따라가는 무비판적인 생각과는 다른 것입니다. 진정한 사고는 스스로 생각할 때 비로소 시작됩니다. 사고는 그 사고를 하는 사람과 마찬가지로 동적動的입니다. 우리는 사고를 통해서만 우리가 어디에 있는지 알며, 또 사고를 통해 지식을 얻어야만 그 지식에 합당하게 행동할 수 있습니다.

스스로 생각하는 습관을 잘 갖춘 사람은 그 어떤 것일지라도 고정되고 완결된 것으로 받아들이지 않습니다. 그런 사람은 아무리 잘 정돈된 사실이라 할지라도 그것을 액면 그대로는 받아들이지 않으며, 그 어떤 보편성도 이미 죽어 버린 것이면 받아들이지 않습니다. 그런 사람은, 썩은 시체의 독을 그득 담고 있는 표어들은 더더욱 받아들이지 않습니다. 사고하는 사람은 항상 자기 자신과 자기의 생각을 흐름 속에 있는 것으로 생각합니다. 이는 한계를 밀쳐 나가는 선구자의 태도와 같다고 할 수 있습니다.

모름지기 모든 지식은 쓸모가 있어야 합니다. 그러려면 우리의 배움은 항상 새로운 소재와 만나야 하고, 살아 움직이는 가운데 껍데기를 파고 들어야 합니다. 배우면서 수동적으로 사고하는 사람들, 그저 고개만 끄덕이는 사람들은 이내 잠들어 버립니다. 하지만 사물의 핵심을 놓치지 않고 사고하는 사람, 누구도 밟아 보지 않는 길을 택해서 그 핵심과 함께 가는 사람은 성숙하게 되어 있습니다. 그런 사람만이 결국은 친구와 적을 구별할 수 있고, 옳은 길이 어떤 길인지 알 수 있을 것입니다.

걸음마용 끈을 잡고 걷는 것은 쉽습니다. 하지만 힘에 넘치는 개념적 사고는 그런 종류가 아닙니다. 그것은 대범한 행동이며 청년과 성인에게 어울리는 일입니다.

* 블로흐의 책, 『주체-객체 Subject-Object』(1962)의 서문에서

스스로 생각하라

진실로 무엇을 알기를 바란다면 스스로 물어야 하고, 또 얻은 답에 대해서도 다시 한 번 되새겨 따져 보아야 한다. 그저 주변 사람들에게 귀동냥만 한다면 이는 주변 사람의 판단이나 선입견에 자기 몸을 내맡기는 꼴이고, 결과래야 기껏 '이렇지 않을까' 하는 추측이나 의견을 얻을 뿐이다.

다른 사람들은 사기를 칠 수도 있고, 나에게 어떤 정보는 알려주지 않을 수도 있으며, 뜻하지 않은 오류를 범할 수도 있다.

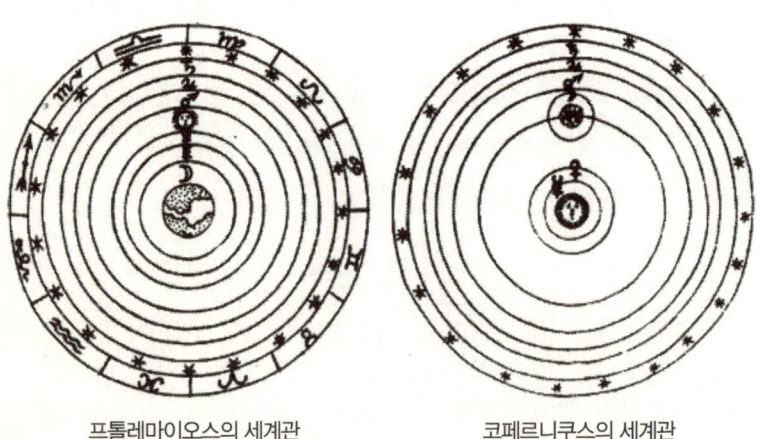

프톨레마이오스의 세계관　　　코페르니쿠스의 세계관

아무리 많은 사람이 같은 생각을 하고 같은 얘기를 한다고 해도, 진리와 지식은 다수결의 문제가 아니다. 수백만의 사람이 몇 세기 동안 아무런 의심 없이 태양이 지구 주위를 돈다고 생각해 왔다.

정반대라는 것이 밝혀진 것은 코페르니쿠스, 갈릴레이 같은 사람이 비로소 문제를 과학적으로 탐구하고 그 근원을 파고들었을 때였다.

---

* 이 세 가지 계율은 독일 철학자 칸트가 죽기 몇 년 전인 1800년, 『실용적 관점에서의 인간학 *Anthropologie in pragmatischer Hinsicht*』이라는 글을 통해 천명한 규칙이다.

철학적 사고의 세 가지 규칙*

칸트 Immannuel Kant(1724~1804)

다음 원칙들은 사고하는 모든 사람이 따라야 할 불변의 계율이다.

> 1.
> 스스로 생각하라.
>
> 2.
> 다른 사람의 입장에서 생각해 보라.
>
> 3.
> 항상 일관되게 생각하라.

첫 번째 계율은 모든 구속으로부터 자유로운 사고를 하라는 계율이다. 어떤 스승의 말도 맹신해서는 안 된다.
두 번째 계율은 공평하게 생각하라는 계율이다. 우리는 항상 다른 사람의 생각을 고려해야 한다.
세 번째 계율은 일관되고 논리적인 사고를 하라는 계율이다.

인간 내면의 세계에서 가장 중요한 혁명은 "바로 나 때문에 비롯된 '미성숙'으로부터 벗어나는 일"이다.
그러면 비록 이제까지는 다른 사람들이 대신 생각하고 나는 다만 흉내내거나 걸음마용 끈을 잡고 걸었더라도 '이제는' '그러지 않고' 자신의 발로 경험의 대지 위에 서서, 혹시 비틀거릴지라도 과감하게 앞으로 나아갈 수 있다.

분명하게 생각하라

무엇을 제대로 알았다는 것, 사물의 실상과 진리를 인식한다는 것은 곧, 그것을 '다른 사람도 알아들을 수 있게' 말할 수 있음을 의미한다. 무엇이 진실로 그러하다면 그것은 다른 모든 사람도 개념적으로 파악할 수 있는 것임에 틀림없다. 그렇지 않다면 그것은 진리가 아니라 개인적 생각이나 상상에 지나지 않는다. 진리란 개인적인 견해가 아니며 항상 객관적인 것이다. 다시 말하자면, 진리란 원칙적으로 '사실'에 견주어 검증할 수 있어야 한다. 물론 어떤 경우엔 그 '사실'이란 것이 감추어져 있기도 하지만.

그동안 통용되던 세계관이나 생각과 맞지 않는다고 해서 또 왠지 불편하기 때문에 진리를 거부하는 경우가 종종 있다. 비극적인 예이지만, "이 세상이 우주의 중심이 아니다"라는 갈릴레이의 발견도 그런 대접을 받았다. 당시 위세를 떨치던 로마 가톨릭 교회는 갈릴레이를 폭력적으로 위협하여 그의 주장을 번복하라고 강요했다. 로마 가톨릭이 갈릴레이의 발견을 옳다고 인정한 것은 그로부터도 무려 350년이나 지나서였다.

과학의 발전을 위해서는 과학적 연구 성과에 대한 공개적 반성과 토론이 반드시 필요하다. 그 이유는 오직 공개적 반성과 토론을 통해서만 지속적이고 비판적인 검증을 할 수 있기 때문이다. 우리 모두가 공유할 수 있는 보편적인 세계관을 형성하는 일, 또 그러한 세계관 형성을 위한 토대를 마련하는 일 역시 공개적 논의 과정을 통해야만 가능할 것이다.

르네 마그리트 René Magritte, 〈사랑의 노래〉, 1948

논리적 사고

어떤 대상을 잘 안다는 것은 그것에 관한 잘못된 전제나 추론으로 인하여 자기 자신이나 다른 사람을 속이지 않음을 의미한다. 무엇보다도 모든 학문적 인식은 논리적이어야 한다. 예를 들어 쥐를 관찰하여 쥐가 설치 동물이라는 것을 알아낸 뒤, 그에 근거하여 "모든 설치 동물은 쥐다"라는 식으로 추론해서는 안 된다. 다음 추론도 잘 살펴 보면 논리적 오류가 스며들어 있다.

어떤 것이든 내가 잃어 버리지 않은 것은 내가 가지고 있다.
나는 소의 뿔을 잃어 버리지 않았다.
따라서 나는 소의 뿔을 가지고 있다.

물론 내가 옳다고 인식한 것이 실제로도 그런지는 더 증명해 봐야 아는 일이다. 내가 보기에 옳더라도 아직은 증명된 것이 아니다.

저 유명한 세 개의 논리

1. 어느 날 악어 한 마리가 과부의 외동 아들을 훔친 뒤에 아이의 어머니에게 약속했다.

"내가 당신 아기에게 어떤 행동을 할지 알아맞히면 아기를 돌려주지."

어머니는 잠시 생각한 뒤에 악어에게 이렇게 말했다.

"우리 애를 돌려주지 않을 거지."

자, 이 대답을 들은 악어는 과연 아기를 돌려주어야 할까? 어머니 생각은 당연히 돌려주어야 한다는 것이고, 악어의 생각은 그 반대이다.

둘 중에 누구의 생각이 맞는가?

2. 옛날에 어떤 크레타 사람이 외지인에게 이렇게 말했다.
"크레타인은 모두 거짓말쟁이야."
이 외지인은 수도 없이 망설여야 했다. 이 크레타 사람의 말을 믿어야 하나, 믿지 않아야 하나.
과연 이 외지인은 그 크레타 사람의 말을 믿어야 할까?

3. 한 청년이 유명한 법학자로부터 수업을 받기 전에 다음과 같이 계약을 맺었다. 강의 전에 수업료의 반을 내고, 나머지는 수업이 끝난 뒤에 첫 번째 소송에서 이기면 준다. 만약 기대와 달리, 첫 번째 소송에서 질 때는 나머지 반은 줄 필요가 없는 계약이었다. 법학자도 동의했다.
그런데 수업이 끝나고 어느 정도 시간이 흘렀는데도 청년은 아무런 소송을 맡을 준비를 하지 않았다. 그러자 법학자는 청년을 고소했다.
두 사람은 법정에 섰고, 아래와 같은 두 주장이 팽팽하게 대립했다.

청년: "어느 경우나 나는 수업료의 반을 내지 않아도 됩니다. 생각해 봅시다. 이 재판이 나의 첫 소송입니다. 이 재판에서 내가 진다면 나는 계약대로 돈을 줄 필요가 없습니다. 이길 경우도 마찬가집니다. 재판에서 이겼기 때문에 돈을 주지

않아도 되지요. 재판장님, 어서 내가 돈을 내지 않아도 된다고, 내가 죄가 없다고 판결을 내려 주십시오."

법학자: "너는 어떤 경우에나 돈을 내야 해. 만약 네가 이 재판에서 지면 소송에서 졌기 때문에 판결에 따라 돈을 내야 해. 또 만약 네가 이긴다면 그때는 우리가 맺은 계약대로 수업료의 반을 내야 하지."

두 사람 가운데 누가 옳을까?

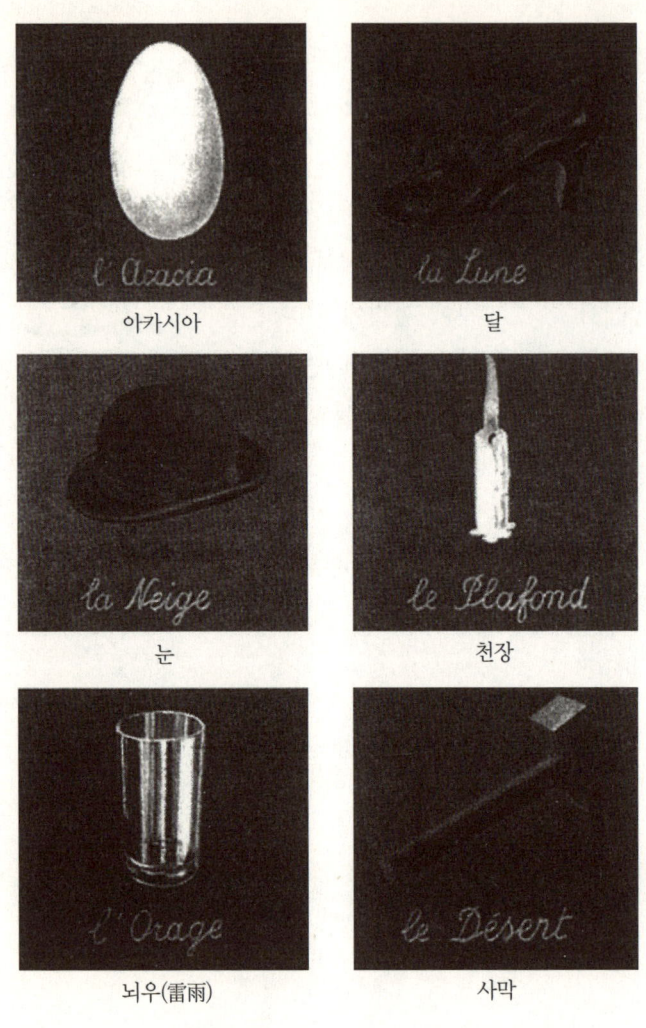

르네 마그리트, 〈꿈의 열쇠〉, 1930

질서가 있어야!
그래요!?

단하루 동안에도 우리는 아주 많은 것을 보고 듣는다. 수천 가지 형상을 보며, 가지각색의 소리를 듣고 나무, 금속, 인공 섬유 등 여러 가지 사물을 만지며, 달고 신 것을 맛보며, 좋은 냄새나 싫은 냄새를 맡는다.

그런데 만약 우리가 이것들을 분간하지 못하고 또 그것들 각각의 이름을 나눠 알지 못한다면 그 모든 것은 우리에게 그저 현란한 혼돈, 이해할 수 없는 여러 인상의 카오스에 지나지 않을 것이다.

이런 일은 보통 생기지 않는다. 왜냐하면 우리는 아주 어릴 적부터 이 세계를 익혀 왔고 이 세계에 대해 잘 알고 있기 때문이다.

하지만 만약 사태가 그렇지 않다면 어떻게 될까. 우리는 어찌할 줄을 몰라 한구석에 앉아서는 마냥 놀라거나, 아니면 도대체 이것들이 무엇인가 의아해 하면서 아무 일도 못하고 먹지도 못하고 그 어떤 의미 있는 행위도 하지 못할 것이다.

우리는 주변에 있는 대부분의 사물과 사람들을 그저 알고 있는 정도가 아니다. 우리는 그것들을 서로 의미 있게 연결지을 줄 알며, 우리의 삶 속에서 그것이 차지하는 위치를 파악하여 긍정적으로 또는 부정적으로 평가하기도 한다. 그래서 우리는 다음과 같이 말한다.

"누군가를 속이는 것은 나쁘다."

"신호등은 사고를 줄이기 위해 필요하다."

"물을 끓이려면 섭씨 100도까지 가열해야 한다." 등등.

인간의 이런 능력에 비하면 동식물은 단순하다고 할 수 있다. 무엇보다도 그들의 형태는 본능적이다. 동식물은 자

여러 가지 얼굴 모습

시골 마을의 촌뜨기

전대 미문의 에너지를 발견한 학자. 전형적인 학자의 얼굴. 날카로운 눈에는 사물의 근원을 꿰뚫는 듯하며, 정력적인 코는 비범한 의지를, 꽉 다문 입은 결연한 학자이며 사색을 즐기는 사람임을, 넓은 이마는 학식의 풍부함을, 날카로운 턱은 사상이 갈고 닦였음을 보여 준다. 전체적인 골상은 그가 정신적인 존재임을 알려 준다. 특히 이마의 주름은 깊은 철학적 사색의 증거이다.

길 한구석에서

연 본성에 따라 자동적으로 움직인다는 말이다.

하지만 인간은 다르다. 인간은 무엇보다도 배워야 한다. 먹고 마실 수 있는 게 무엇인지, 음식은 어떻게 만들고 어떻게 저장하는지, 많은 사람이 좁은 땅 위에서 서로 평화롭게 살기 위해서는 어떻게 해야 하는지, 고통을 줄이고 행복을 배가하는 방법은 무엇인지를 배워 알아야 하는 게 인간이다. 이 밖에도 인간이 배워야 하는 것은 무수히 많다. 법률, 관습, 처세술, 다른 사람의 경험, 과학의 성과 등등. 인간은 이런 것들을 알아야만 살면서 부딪치는 여러 중요한 문제들에 대처할 수 있다.

선입견

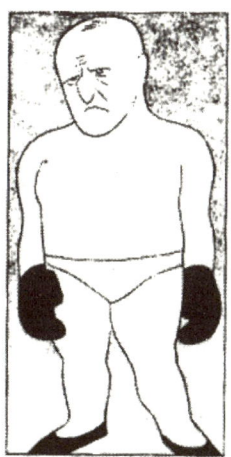

맥주집에서 일하는 웨이터   스포츠 클럽에서   전당포 주인

칼 아놀드 Karl Arnold의 작품

하지만 그런 것들을 안다고 해도 세상사 전체를 관장하는 가장 중요한 문제인 삶의 의미에 관한 문제는 남는다. 그리고 이 문제에 대한 답은 쉽게 주어지지 않는다. 일상의 작은 일들과 여러 가지 체험들, 아니 더 나아가 우리 삶의 여러 가지 모순들의 의미를 이해하는 일도 마찬가지다.

물론 그런 문제에까지 골몰할 필요가 없을지도 모른다. 그런 어려움 물음에 관여하지 않고 그저 '단순하게' 세월을 보낼 수도 있다는 얘기다. 하지만 인간은 이성의 소유자이기에 그런 문제들에 대해서 묻고 대답할 능력을 가지고 있다. 삶의 '보편적인' 연관과 '보편적인' 진리에 대해 묻고 생각하는 능력을 가진 것이다.

"정의正義란 무엇인가."
"인간이 동물과 다른 점은 무엇인가."
"행복은 무엇이며 어디서 찾아야 하는가."
"인간은 본래 다른 사람들과 어울려 사는 존재인가."
"인간에게 있어 자연적인 것은 무엇이고, 문화적으로 변화해 온 것은 또 무엇인가." 등등.

철학은 지난 2000여 년 동안 이런 삶의 근본 문제들에 대한 답을 찾으려 애써 왔다. 그런데 철학은 처음부터 전통이나 종교 또는 여러 학문이 이미 내려놓은 답에 대해서는 그것을 수용하기보다 '단호하고 비판적인' 태도를 지키며 대결해 왔다. 그래서 철학은 항상 많은 사람에게 골칫덩어리였다.

소크라테스의 재판

기원전 399년 아테네의 철학자 소크라테스는 공개 재판에 회부되었다. 추첨으로 뽑힌 501명의 재판관과 배심원들은, 소크라테스가 그의 철학을 통해 신을 모독하고 신  들에 대한 숭배를 거부하였으며 또 청년들을 타락시켰다고 입을 모았다. 제자들에게 어설픈 주장을 비비꼬아 그럴 듯한 것으로 만드는 책략을 가르쳤다는 것이었다. 소크라테스에게 사형이 선고되었다.

그러자 소크라테스는 자기 변론을 통해 이러한 비난들을 단호히 물리치고 자신의 무죄를 주장하였다. 뿐만 아니라 70살이 넘은 소크라테스는 자신이 죽을 때까지 국가가 자기 생계비용을 대라고 요구하였다.

아래에 소개하는 글은 플라톤이 쓴『변명 *Apology*』의 일부인데, 여기서 소크라테스는 자신은 아무 죄가 없으며, 신의 위임을 받아 사람들을 가르치고 다니는 자신을 정죄하는 국가에 오히려 책임이 있다고 반박하였다.

소크라테스: 여러분 가운데 누군가는 아마 이렇게 묻고 싶을 겁니다. "소크라테스여, 당신은 도대체 무슨 일을 하였습니까? 사람들이 당신을 이토록 비방하는 이유는 무엇입니까?"…….

그런데 아테네의 신사 여러분, 내가 이런 평판을 듣게 된 것은 다른 이유 때문이 아닙니다. 바로 지혜 때문입니다. 도대체 어떤 지혜냐고요? 그것은 아마도 가장 인간적인 지혜라고 대답할 수 있을 겁니다……. 신사 여러분, 참으로 현명한 자는 신이겠지요.* 그 신이 신탁을 통해서 우리에게 하고 싶은 말은 이런 것일 겁니다. 인간의 지혜는 별로 가치가 없거나 아무 것도 아니라는 것 말입니다……. 신은 그런 이야기를 나를 통해 여러분에게 전하는 것입니다. 당신네 인간들 가운데 가장 현명한 사람은 이 소크라테스처럼 "나는 전혀 지혜롭지 못하다"는 사실을 깨달은 사람입니다.

내가 오늘날 이리저리 돌아다니는 이유는 과연 아테네 시민이나 외국인 가운데 단 한 사람이라도 현명한 자가 있는지 알아 보기 위해서입니다. 그러다 이름난 그 사람이 내가 보기에 현명하지 않다 싶으면……, 나는 그에게 그가 현인이 아니라고 일러줍니다…….

아테네 시민들이여, 나에게 많은 적이 생긴 것은 내가 바로 이런 조사를 하고 다녔기 때문입니다……. 또 그런 연유로 이런저런 비난도 받았지요. 소문도 퍼졌어요. 내가 곧 현인이라는 소문 말입니다. 왠지 아세요? 사람들은 늘 내가 다른 사람을 심사하는 데 있어서 현명하다고 믿었기 때문이랍니다.

내게 숨이 붙어 있고 힘이 남아 있는 한, 나는 철학을 그만둘 생각이 없습니다……. 나는 그 어떤 일보다도, 이리저리 돌아다니며 젊은이건 늙은이건 여러분을 만나 설득하는 일을 할 것입니다. 될 수 있으면 마음이 선해지도록 노력해야 하고 육체나 재화에 매달려서는 안 된다는 것을 설득할 것입니다. 사람의 능력은 돈에서 나오는 것이 아니라는 사실을, 오히려 능력이 있어야, 가정이건 국가건, 재물도 얻고 다른 모든 인간적인 복도 얻는다는 것을 설득할 것입니다……. 여러분이 어떻게 생각할지 모르지만 나는 지금 나 자신을 위해 변명하는 것이 아님을 분명히 말씀드립니다.

나는 여러분을 위해 변명하는 것입니다. 만일 여러분이 나에게 유죄 판결을 내리면 그것은 곧 신의 선물을 욕되게 하는 것입니다.

생각해 봅시다. 나를 사형에 처하고 나면 여러분은 나를 대체할 만한 사람을 찾기가 어려울 겁니다. 농담으로 들릴지 모르겠으나, 마치 크고 빼어난 말 등에 앉아 있는 쇠파리** 같이 이 신의 도시에 덧붙어 있는 나 같은 사람을 찾기가 쉽지 않을 것입니다.

준마, 너무 커서 약간은 둔해 보이는 준마는 등에 붙은 쇠파리의 자극을 받아야만 합니다. 나는 신이 이 도시에 보낸 한 마리의 쇠파리 같은 존재입니다.

89

그래서 나는 만나는 사람마다 자극하고, 설득하며, 책망합니다. 또 온종일 이곳저곳을 다니며 여러분을 다그치는 일을 마다하지 않습니다. 여러분이 일생을 잠자며 탕진하지 않도록 말입니다.

* 여기서 말하는 신은 아테네의 수호신 아폴로를 말한다. 그런데 아폴로는 델피의 신탁神託을 통해 소크라테스야말로 인간 중에서 가장 현명한 인간이라고 예언했다고 한다. 소크라테스 역시 자신의 행위를 신에 대한 철학적 '예배'로 간주하였다.
** '등에'라고도 불리는 쇠파리는 파리의 한 종류인데, 암컷은 예리한 침으로 온혈 동물의 피를 빨아 먹는다.

철학의 주제들

철학자들은 현실을 인식하고 설명하는 일을 한다. 그것도 자신의 분별력에 힘입어, 가능한 한 성실하고 깊이 있게 또 정확하게 하고자 한다.

고대에서 현대에 이르는 철학의 역사를 보면, 모든 철학자는 자신의 사색 활동을 일종의 '학문'으로 간주하였음을 알 수 있다. 그런데 철학이 하나의 학문이라면 그것은 과연 무엇에 관한 학문일까?

물질 세계는 이미 물리학의 연구 대상이 되었고, 생물 세계는 생물학, 감정과 지각 세계는 심리학, 사회는 사회학이 탐구하고 있다. 그렇다면 철학을 위해 도대체 무엇이 남아 있을까? 철학이라는 학문의 탐구 영역은 무엇일까?

좀 이상하게 들릴지 모르겠지만, 철학은 이 세상 모든 것을 탐구 대상으로 삼는 '보편 학문'이다. 따라서 철학이 다루는 대상과 문제는 다른 학문이 다루는 것과 같을 수도 있다. 하지만 철학은 다른 학문이 자명하다고 그냥 '전제하는' 것들을 더 정확히 알려고 한다. 바로 이 점이 철학의 특징이다. 즉, 다른 학문들이 더 이상 묻지 않는 바로 그곳에서 철학의 물음이 시작되는 것이다.

모든 학문은 존재하거나 존재했던 것, 혹은 존재할 것 등을 탐구한다. 하지만 철학은 사람들이 무엇이 '있다(존재한다)'거나 '없다(존재하지 않는다)'고 할 때 도대체 그 의미가 무엇인지 묻는다.

모든 학문은 무엇인가를 알고자 하지만 철학은 이 '안다는 것'이 무엇인가를 묻는다.

자연과학자는 자연과 그 법칙을 탐구하지만 철학자는 문화와 구별되는 자연의 본질을 묻는다.

이성적으로 사고한다는 것은 논리적으로 사고한다는 뜻이다. 그래서 철학은 논리의 법칙을 탐구한다.

정치가는 법을 만들고, 법률가는 그 법에 따라 판결한다. 언어학자들은 살아 있거나 죽은 언어의 어휘와 문법을 연구하며, 역사학자들은 과거 역사를 연구한다. 또 우리 모두는 일정한 도덕 원리를 전제하고 그에 따라 행위의 옳고 그름을 가린다. 하지만 철학자들은 다음과 같이 묻는다. 법과 계율은 어떻게 다른가? 국가의 사명은 무엇인가? 국가는 시민 개개인보다 중요한가, 중요하지 않은가? 언어의 고유 기능은 무엇인가? 언어는 다만 세계를 묘사할 뿐인가, 아니면 일정한 세계관을 만들어내는가? 사고의 구조는 언어의 구조와 동일한가, 그렇지 않은가? 역사는 진보하는가 아니면 계절의 변화처럼 동일한 것의 영원한 반복에 지나지 않는가? 인간의 행동과 판단은 어떤 경우에 도덕적인가? 또 도덕적으로 살아야 하는 근거는 과연 무엇인가?

논리학

논리학은 오류를 범하지 않고 논리적으로 사고하는 능력을 탐구하는 철학의 한 분야다. 각종 판단에 대한 분석을 비롯하여, 우리가 모순에 빠지지 않으려면 반드시 지켜야 하는 사고 법칙들, 즉 보편적으로 타당한 사고 법칙들을 탐구한다. 또 예를 들면 동일한 시간에 동일한 대상에 대해 서술하는 어떤 명제가 참이면서 동시에 거짓일 수 있는가 하는 문제를 탐구한다.

인식론

진리를 탐구하는 데 있어 철학자들에게 우선적으로 제기되는 과제는 인간의 인식 능력을 검토하는 일이다. 다시 말해서, 철학자들은 인간의 감각 기관과 이성 능력이 과연 인간의 내면 세계와 외부에서 일어나는 일들을 우리에게 올바로 전달하는가를 검토한다. 이처럼 인간 지식의 원천, 범위, 한계 등을 탐구하는 철학의 분야를 인식론이라 한다.

과학론

과학론은 인식론적 탐구가 좀 더 구체적으로 발전된 것인데, 그 중심 과제는 여러 개별 학문이 인식에 도달하는 방법과 양식을 탐구하는 일이다. 과학론은 '어떤 경우에 하나의 지식을 확실하다고 할 수 있는가'와 또 '그런 학문적 지식은 어떤 예측과 설명의 가능성을 허락하는가'를 탐구한다.

윤리학

바르고 선한 삶은 과연 어떤 삶인지를 추구하는 것이 윤리학이다. 윤리학은 우리가 "무엇을 해야 하는가, 어떻게 하면 선한 사람이 될 수 있는가" 하는 문제에 부딪쳤을 때 따라야 할 원리와 규칙들을 탐구한다.

형이상학

형이상학metaphysics이란 말은 '자연physics'을 '넘어서다meta'라는 그리스어에서 유래하였다. 따라서 이것은 눈에 보이지 않는 세계의 문제들을 탐구한다.

에셔, 〈세 개의 구球 II〉(부분), 1946

과연 신은 존재하는가? 인간은 자유로운 존재인가? 죽은 뒤에도 삶이 있는가? 특히 이 세 가지는 인간이 항상 고심해 온 대표적인 형이상학적 문제다. 인간이 이 같은 고민을 한 이유는 인생의 의미가 결국은 그에 대한 답에 달려 있기 때문이다.

18세기 독일의 철학자 칸트는 철학의 문제 '전체'를 다음과 같이 요약하였다.

1. 나는 무엇을 알 수 있는가?
2. 나는 무엇을 해야 하는가?
3. 나는 무엇을 바랄 수 있는가?
4. 인간은 무엇인가?

이 가운데 네 번째 문제가 가장 중요하다고 할 수 있다. 이 세계를 알려고 하는 주체가 바로 우리 인간이기 때문이다.

인간을 주제로 하여 인간의 행위, 인간적 희망, 인간의 불안, 인간의 생각 등을 탐구하는 철학의 한 분야로 '인간학'이 있다.

책, 책, 책

철학이 무엇인지 더 알고 싶은 사람은 다음 책들을 참고하기 바란다.

보헨스키Josef. M. Bochenski, 『철학적 사색에의 길Wege zum philosophischen Denken』(종로서적). 10개의 주제(법칙, 철학, 인식, 진리, 사고, 가치, 인간, 존재, 사회, 절대자)를 다루고 있다. 각각의 주제를 둘러싸고 그동안 거론된 철학적 문제들과 다양한 접근 방법을 평이하게 소개한 입문서이다.

바이셰델Wilhelm Weischedel, 『철학의 뒤안길Die philosophische Hintertreppen』(서광사). 소크라테스, 아우구스티누스, 칸트, 헤겔, 니체 등을 포함하여 고대에서 현대에 이르는 34명의 위대한 철학자의 생애와 사상을 간결하게 소개한 책.

위스망Denis Huisman, 『오디세이 철학Philosophie für Einsteiger』(현실과과학). 프랑스 철학자가 쓴 재미있고 매력적인 입문서. 신, 행복, 자유, 사랑, 인식, 예술, 아름다움, 언어, 죽음 등의 문제를 다루고 있다.

헬퍼리히Christoph Helferich, 『철학사Geschichte der Philosophie von den Aufangen bis Gegenwart und östlisches Denken』. 많은 그림과 사전이 들어 있다.

안젠바허Arno Anzenbacher, 『철학 입문Einfuhrüng in die Philosophie』.

인식론의 길잡이 **2**

당신에겐 어떻게 보입니까?

눈을 뜨면 세계가 거기 있다.	○ 예	○ 아니오
무엇이 지각知覺되기 위해서는 다음 두 가지 전제 조건이 충족되어야 한다. 첫째, 볼 수 있는 눈이 있어야 하고, 둘째, 지각 가능한 무엇인가가 존재해야 한다.	○ 예	○ 아니오
지각은 자극이 있어야 비로소 시작되며, 자극이 사라지면 지각도 사라진다. 다시 말하자면 눈 앞에 있는 것만 지각되고 그것이 있는 동안만 지각된다.	○ 예	○ 아니오
가시적 사물의 지각은 인간의 특별한 작용 없이 자동으로 이루어진다.	○ 예	○ 아니오
나의 지각은 객관적으로 존재하는 상황의 함수이다.	○ 예	○ 아니오
하나의 사물에 대한 여러 사람의 지각은 서로 상당한 정도 일치한다.	○ 예	○ 아니오

에셔, 〈누각〉, 1958

책상 이야기

나는 지금 책상 앞에 앉아 있다. 내 주위에는 책, 메모지, 연필, 그리고 잡동사니가 있다. 창을 통해 내다 보면, 길 건너편의 가로수가 보이고 하늘에 떠 있는 구름과 해가 보인다. 나는 저 해가 지구로부터 대략 1억 5000만km 떨어져 있고, 지구의 자전으로 인해 아침에는 뜨고 저녁에는 진다고 믿고 있다. 또 만약 누군가가 이 순간 내 방에 들어와서 본다면 그 사람도 지금의 나와 꼭 같이 사물들을 볼 것이라고 나는 믿는다.

사람들이 나의 분별력을 의심하지 않는 한, 나는 이런 이야기를 힘주어 말할 필요도 없다. 만약 누군가가 나를 의심한다면 내가 아니라 그 사람이 이상한 사람이다. 내가 지금 갈색 책상 앞에 앉아 있고, 저 밖에 태양이 비추고 있으며, 길 건너편에 가로수들이 초록빛을 띠고 있다는 것은 추호도 의심할 수 없는 사실이다.

그래도 뭔가 의심이 생길 수 있을까. 당치도 않은 일이다. 비록 내가 안경을 끼고 있긴 하지만 분명히 내 눈으로 보고 있기 때문이다. 여기에 책상이 있고 내가 그 앞에 앉아 있으

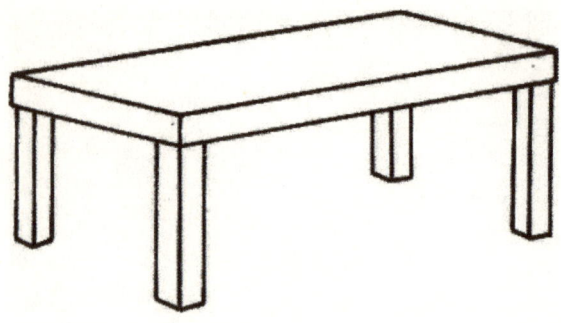

며, 그 책상은 갈색으로 된 사각이며 표면이 매끄럽다는 것을 내가 보고 있지 않은가. 손으로 만져 보면 책상 표면이 매끄럽고 차갑고 딱딱하다는 것을 직접 느낀다. 누구라도 정확히 관찰한다면 분명 똑같은 것을 확인할 것이다.

하지만 잠깐! 잘 살펴 보자. 내가 보더라도 책상 표면 전체가 모두 갈색으로 보이지는 않는다. 햇빛을 받는 부분과 그렇지 않은 부분의 색이 다르다. 빛을 받는 부분이 훨씬 더 밝게 보인다. 일어나서 채광 주위를 이리저리 돌면서 바라보면 색의 위치까지 달라진다.

물론 이 사실을 무시할 수도 있다. 책상 표면의 색이 보는 위치에 따라서, 빛의 각도에 따라서 달라진들 뭐 대수냐 하고 말이다. 책상을 그리는 화가라면 그런 사실이 중요할지 모르지만 나야 책상에 앉아서 일하고 읽고 쓰면 족하지 않은가.

하지만 이것은 아주 재미있고 또 중요한 사실이다. 왜냐하면 곰곰이 생각해 볼 때, 이 갈색 책상이 어디서 보느냐에 따라 다른 색으로 보인다면 결국 그 누구도 단정적으로 이 책상이 '확실히' 갈색이라고 말할 수 없기 때문이다. 색맹인 사람이나 갈색 안경을 낀 사람은 논외로 하자. 아마도 그런 사람들은 계속 이 책상이 갈색이니 초록색이니 주장할 것이기 때문이다.

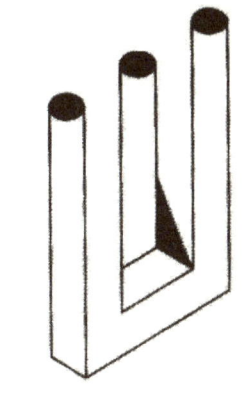

이 책상의 색은 낮에 보는 것과 밤에 보는 것이 다르고, 불빛 아래서 보는 것과 자연광 아래서 보는 것이 다르지 않은가. 그리고 다른 사람들이 보아도 내가 이 순간에 보

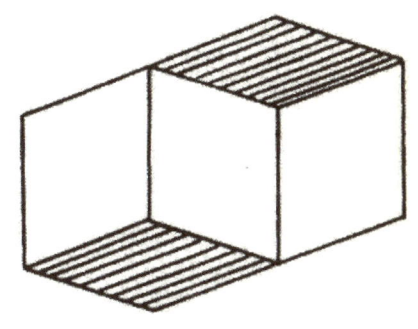

는 것과 꼭 같다고 말할 수 있겠는가. 이런 점들을 고려해 보면 나는 일 년 내내 착각에 빠져 있는지도 모르고, 어쩌면 내가 가지고 있는 책상은 갈색이 아닐 수도 있다!

조금 전만 해도 아주 명백해서 의심할 여지가 없었던 것들이 이제 찬찬히 들여다 보고 다시 생각해 보니까 온통 의문투성이가 되어 버렸다.

다시 책상으로 돌아가 보자. 책상의 다른 속성들은 어떤가. 그 다른 속성들 역시 잘 따져 보면 같은 운명에 처하게 되

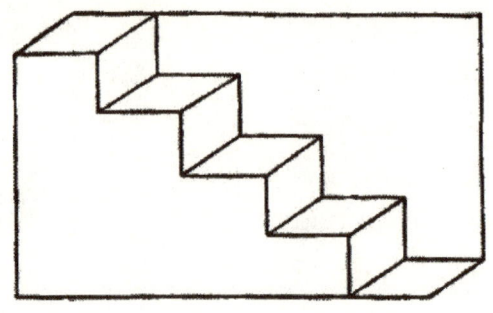

는 걸까? 아니면 이런 의심은 오직 색에만 적용되는가?

예를 들어 책상의 '표면'을 관찰해 보자. 언뜻 보면 책상 표면은 아주 고르고 윤이 난다. 하지만 여러 개의 대물렌즈가 장착된 현미경으로 볼 경우에 어떻게 되겠는가? 그래도 책상 표면이 고르고 윤기 있어 보일까? 아니면 울퉁불퉁해 보일까? 두말할 것 없이 이제까지 보이지 않았던 많은 굴곡, 높은 산과 골짜기 모양의 굴곡이 눈에 들어올 것이다. 이제 어떻게 해야 하는가. 그래도 "내 책상은 표면이 고르고 윤이 난다"고 고집해야 하는가. 아마 그러지는 못할 것이다. 이제는 책상이 그렇게 '보일 뿐'이라고, 맨눈으로 볼 때에만 그렇다고 고백해야 한다.

책상의 '형태'에 대해서도 상황은 별로 다르지 않다. 나는 이제까지 별 생각 없이 '책상은 직사각형'이라고 말해 왔다. 그러나 책상을 정면에서 바라보면 뒤쪽의 변이 앞쪽의 변보다 짧아 보일 테고, 반대편에 서서 보면 정반대로 보인다. 눈에 들어오는 대로라면 분명 책상의 면은 사각형이되 앞쪽의 두 각은 예각銳角이고 뒤쪽의 두 각은 둔각鈍角인 사각형이다. 만약 몇 걸음이라도 뒤로 물러서서 책상을 바라보면 책상의 양 측선은 점점 한 점으로 모여들게 된다. 결국 나는 책상의 직사각형을 '실제로는' 정확히 '볼 수 없다'고 고백해야 한다. 내가 책상이 직사각형이라고 한 것은, 정확히 말하자면 내가 지각한 것으로부터 '추론한' 결과인 것이다. 왜냐하면 내 눈에 들어오는 대로라면 책상의 형태는 내가 움직일 때마다 끊임없이 변하고, 나의 감각만을 가지고는 책상의 '진정한' 모습을 알 수 없기 때문이다.

일반적으로 우리는 책상을 보면서 이러한 점들에 주의하지 않는다. 따지고 보면 우리는 눈으로 지각한 것에 기초해서 '실제의' 색깔이 어떠하리라고, '실제의' 형태와 표면이 어떠하리라고 '구성'하는 셈이다. 그리고 경험적으로 볼 때, 이러한 구성이 그런 대로 잘 맞아 떨어졌을 뿐이다.

마그리트, 〈그림의 배반〉, 1928/29
그림 밑의 글은 "이것은 파이프가 아니다."

종합적 고찰

　우리는 지금까지의 논의를 통해서 그동안에는 별 관심 없이 써 오던 책상이 관찰자, 보는 각도, 빛의 방향에 따라 그 색이 변한다는 사실을 알았고, 결국 그 흔한 책상조차 하나의 '문젯거리'가 된다는 것을 알았다. 간단히 말하자면 우리의 눈과 손에 의해 지각된 책상이 곧바로 책상의 있는 그대로의 모습, 참된 모습은 아니라는 것이다.

　우리는 우리가 쓰고 있는 책상이 존재한다는 데 대해서 별로 의심하지 않는다. 하지만 그것의 '본질'이 과연 무엇인지 또 그것이 '어떤 모습으로' 존재하는지에 대해서 우리는 알지 못한다. 적어도 우리는 그 책상이 항상 '다른 모습으로 보인다'는 사실만큼은 인정해야 한다. 우리가 이제까지 책상에 대해 이러쿵저러쿵 진실인 양 주장하였다면, 그 주장들은 사실은 '상식적으로 구성된' 책상, 다시 말하자면 보통의 관찰자가 보통의 불빛 아래서 별 생각 없이 바라보았을 때의 책상의 여러 가지 성질에 근거한 것이다.

　물론 우리는 생활하면서 아무런 문제없이 책상을 사용해 왔고 또 현재도 잘 쓰고 있다. 뒤집고 싶으면 뒤집고, 칠하고 싶으면 칠하고, 무엇을 올려놓고 싶으면 올려놓는다. 책상은 그것이 만들어질 때의 용도대로 잘 쓰이고 있다. 또 책상을 우리 뜻대로 사용하는 데 있어서는 그동안 우리가 책상에 대해 가지고 있던 지식 정도로도 충분했다고 말할 수 있다.

하지만 이제 우리 주변의 여러 대상들, 또 사람들에 대해서 다시 한번 생각해 보자. 무엇보다도 우리는 감각이 사물의 참 모습을 직접 가르쳐 주지는 않는다는 것을 알았다. 바로 이 점, 즉 감각을 그대로 믿어서는 안 된다는 점을 확인한 이상, 이제는 새로운 대상을 대할 때에도 이 점을 간과하거나 감각적 지식을 아무런 의심 없이 그대로 믿어서는 안 될 것이다. 이제부터라도 우리가 지각하는 사물들, 우리 주변의 사물들이 '진실로' 무엇이며 그 참된 존재의 모습이 무엇인지 진지하게 물어야 할 것이다.

앞에서 소개한 책상 이야기는 영국의 철학자 러셀 Bertrand Russell(1872~1970)이 쓴 『철학의 여러 문제』에서 뽑은 내용이다.

옛날부터 전해 오는 답 없는 물음들

우리는 앞에서 책상의 예를 들어 사물의 참 모습을 둘러싼 여러 가지 물음을 제기했다. 그런데 이것은 2500여 년에 걸친 서양의 철학사에서 끊임없이 제기되어 온 문제다.

그 한 증거로 고대 그리스의 철학자 소크라테스(기원전 469~399)가 그의 제자 테아이테토스와 나눈 대화의 한 토막을 살펴 보자.

소크라테스: 테아이테토스, '무엇을 안다"는 것은 과연 무엇인지 처음부터 다시 한번 말해 볼 수 있겠나?

테아이테토스: 무엇을 안다는 것은 무엇을 보고 지각하는 것 아닐까요.

소크라테스: 좋아. 그럼 자네 말이 과연 옳은지 함께 검토해 보세. 지각이 곧 아는 것이라고 말했지?

테아이테토스: 예, 그렇습니다.

소크라테스: 그렇다면 자네는 "어떤 사물이 나에게 이렇게 보이면 나에겐 이런 것이고, 자네에게 저렇게 보이면 자네에겐 저렇다"는 얘기를 하는 셈이네.

테아이테토스: 잘 이해하지 못하겠는데요. 무슨 말씀을 하시려는 겁니까, 스승님.

라파엘로, 〈아테네 학당〉(부분, 대화 중인 소크라테스), 1509~1511

소크라테스: 아주 간단한 얘길세. 저 밖에 바람이 분다고 해보세. 만약 그 바람을 쏘이고 내가 추위를 느낀다면 그 바람은 나에겐 찬 바람이지. 그런데 자네가 그 바람을 쏘이고도 전혀 추위를 느끼지 않는다고 해 보세. 그러면 그 바람이 자네에겐 더운 바람 아니겠는가 말일세.

테아이테토스: 그런 얘기라면 옳은 말씀입니다.

소크라테스: 하지만 이 경우에 우리는 뭐라고 말해야 하나? 더운 바람이 불었다고 해야 하나, 아니면 찬 바람이 불었다고 해야 하나?

테아이테토스: 추위를 느끼는 사람에겐 찬 바람이고, 추위를 느끼지 않는 사람에겐 더운 바람 아닐까요?

소크라테스: 그렇다고 해 보세. 하지만 자네와 내가 쏘인 바람은 같은 바람 아닌가! 다시 한번 말해 보세. 그 바람은 진짜로 찬 바람인가 아닌가.*

---

* 이 대화는 소크라테스의 제자인 플라톤을 통해 우리에게 전해지고 있다. 플라톤의 『대화록』, 「테아이테토스」편 참고.

벽에 비친 그림자

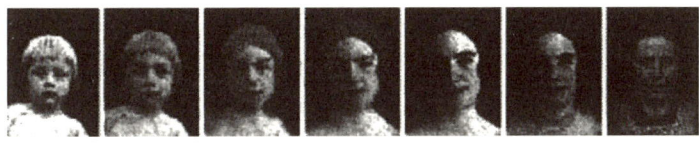

세바스찬 라울 Sebastian Rault

플라톤의 『국가』*에도 소크라테스가 참된 인식의 문제를 다루는 부분이 등장한다. 그런데 소크라테스는 이번에는 다음과 같은 비유를 통해 설명한다.

소크라테스: 다음 비유를 참고하여 인간의 정신 상태를 구별해 보게나. 도야된 정신과 그렇지 못한 정신을 말일세. 자, 지하의 동굴 속에 있는 사람들을 상상해 보게. 그 굴의 한 끝은 지상으로 연결되어 있네. 그런데 그 사람들은 어릴 적부터 다리와 목에 족쇄를 찬 채로 굴 바닥에 있네. 한 곳에만 머물면서 자기 앞만 보도록 묶여 있다네. 족쇄 때문에 머리를 돌릴 수 없지. 빛이라고는 그들 등 뒤 위쪽에 있는 불에서 나오는 빛뿐이라네. 이 갇혀 있는 사람들로부터 그 불에 이르는 오르막 통로에 벽이 있는데, 이는 마치 꼭두각시 인형을 놀리는 사람이 자기는 위에 숨은 채 관중들에게 기술을 보여 주기 위해 쳐 놓은 칸막이 울과 같은 것이라네.

자, 좀 더 연상해 보게나. 이 벽을 따라서 사람들이 각양각색의 그릇과 조각상, 다양한 돌과 나무로 만든 예술 작품들을 나르며 지나다닌다네. 그러다 보면 그 그릇들은 벽 위로 우뚝 솟게 된다네. 물론 그 사람들 가운데 일부는 지나다니면서 이야기를 할 테고, 또 어떤 이들은 잠자코 있을 걸세.

글라우콘: 당신은 내게 아주 진기한 비유를 하는군요. 별난 죄수의 이야기예요.

소크라테스: 문제는 인간 대부분이 이들 죄수와 별로 다를 것이 없다는 점일세. 죄수들은 자기 자신과 옆 사람의 진짜 모습은 보지 못하네. 다만 정면 벽에 비추인 자기들의 그림자만을 볼 뿐이지. 이들 뒤에 있는 사물들도 마찬가지네. 그 사물의 진짜 모습은 보지 못하고, 정면 벽에 드리운 사물의 그림자만을 본다네. 인간도 그런 꼴 아닐까.

글라우콘: 지당한 말씀입니다.

소크라테스: 그들이 서로 이야기를 주고받는다고 해 보세. 자네 생각엔 어떤가. 그들은 뒤에 지나가는 사물들에 대해서는 모르니까 그 사물들이 그들 눈 앞에 보이는 그림자처럼 생겼으려니 하고 사물들에 대해 이야기하지 않을까. 또 그 동굴이 메아리를 친다고 해 보세. 그러면 뒤에 지나다니는 사람들의 얘기를 이들이 제대로 알아들을 수 있을까…….

글라우콘: 지당한 지적이십니다.

소크라테스: 그 사람들은 한 마디로 그림자를 진짜로 여기지 않겠는가?

글라우콘: 당연히 그렇겠지요.

소크라테스: 자 이제는 그들이 족쇄를 벗고 몽매한 상태에서 벗어난다고 해 보세. 어떤 일이 벌어질까? 그들 가운데 어느 하나가 족쇄를 벗은 뒤, 뒤쪽을 올려다 보기 위해 일어나 머리를 돌려 불빛 쪽을 바라 본다고 해 보세. 어떤 일이 벌어질까? 그들 가운데 어느 하나가 족쇄를 벗은 뒤, 뒤쪽을 올려다 보기 위해 일어나 머리를 돌려 불빛 쪽을 바라 본다고 해 보세. 그는 어찌 되겠는가? 아마 고통을 느낄 걸세. 불빛 때문에 눈이 부실 테고, 전에는 그림자만 보던 진짜 사물들을 당장은 제대로 바라 볼 수도 없을 걸세. 자네 생각은 어떤가? 그 사람이 좀 진정되었다고 하세. 그러면 그 사람은 '나는 전에는 헛된 것을 보았지만 이제 현실로 돌아오니 옳은 것을 보노라' 하고 말할까?

이제 누군가 그를 거칠고 가파른 통로를 따라 햇살이 비치는 데로 끌고 나오면 어떻게 될까. 그는 더 큰 고통을 느낄 것이며, 끌려가지 않으려고 몸부림칠 걸세. 결국은 빛 가운데 바로 서게 되겠지. 하지만 이때에도 그는 참된 것을 제대로 인식하지 못할 걸세.

그가 지상의 사물들을 알아 보려면 어느 정도 시간이 지나야 할 걸세. 그가 가장 쉽게 알아 볼 수 있는 것은 그림자지. 조금 지나면 인간과 다른 사물들의 영상, 즉 물에 비추인 영상 정도는 알아볼 테고. 결국 마지막에 가서야 인간과 사물을 제대로 알아 보지 않겠는가. 당연한 일이지만 처음에는 낮보다 밤에 하늘을 올려다 보는 것이 더 쉬울 것이고, 태양이나 햇빛보다는 달이나 달빛을 바라보는 것이 더 쉬울 걸세. 하지만 나중에는 물 등에 반사된 해의 영상은 물론이고, 해 그 자체도 직접 알아 보고 또 바라 볼 수도 있을 걸세. 그러고 나면 그는 다음과 같은 결론에 도달하지 않을까? 요컨대, 태양이야말로 모든 시절과 계절 변화에 영향을 미치며, 가시 세계의 모든 것을 주재하고, 어떤 의미에서는 동굴 속에서 볼 수 있었던 것들의 원인이라고 말일세.

글라우콘: 정말 그렇겠군요…….

소크라테스: 친애하는 글라우콘이여, 이 비유는 다음과 같이 이해되어야 할 걸세. 우리의 시視 감각을 통해 보이는 세계는 저 죄수들의 거처와 같고, 동굴 속의 불빛은 태양의 힘과 같은 것으로 생각해야 하네. 또 동굴에서 올라와 지상의 사물들을 바라보는 것은 영혼이 진리의 세계로 도약하는 것으로 이해해야 하네. 그렇게 이해한다면 자네는 나의 이론을 올바로 파악한 걸세……. 인식 가능한 것들 가운데 제일 마지막에, 그것도 아주 힘들여서야 비로소 인식되는 것이 선善의 이데아라네. 선의 이데아**를 깨닫고 나면, 그것이야말로 모든 옳고 선한 것의 근원이라는 사실을 곧 알게 될 걸세. 그것은 가시계可視界에서는 빛과 그 근원인 태양을 산출해 내고, 가상계可想界에서는 이성과 진리를 산출해 내

플라톤의 동굴의 비유

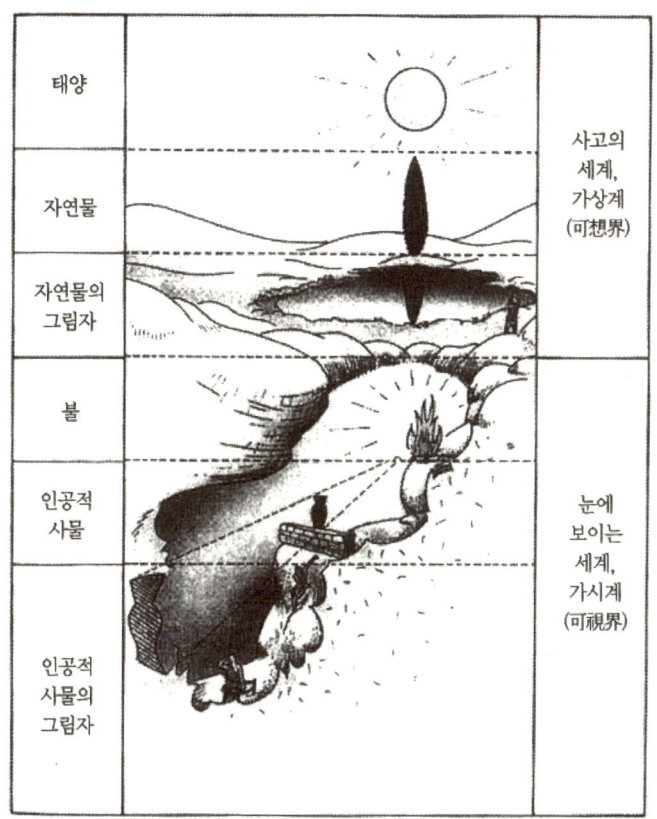

는, 유일한 지배자라네…….

 이 비유는 다음과 같은 사실을 분명히 해줄 걸세. 정신의 인식 능력은 누구에게나 이미 내재해 있다네. 하지만 우리가 어둠에서 벗어나 빛으로 향하려면 눈만이 아니라 몸 전체를 함께 돌려야 하듯이, 인간의 인식 능력이 무상한 세계에서 벗어나 존재자를 직시하고, 나아가 존재하는 것 가운데 가장 밝은 것인 선의 이데아를 인식하는 데까지 나아가려면 영혼 전체를 함께 움직여야만 한다네…….

그러므로 정신의 도야는 일종의 전향轉向의 기술이라 할 수 있네. 이 전향은 아주 간단해 보이면서도 동시에 심오한 의미를 지니고 있지. 물론 이 전향은 인간에게 사물을 바라보는 능력을 새로 심어 주는 것을 아닐세. 왜냐하면 사물을 바라보는 능력은 이미 우리가 갖고 있지 않은가. 다만 우리 인간은 사물을 보되 그 기본 태도가 잘못되어 있고, 또 봐야 할 것을 보지 않아서 문제라네. 바로 이 결점을 제거하도록 돕는 것이 전향, 즉 정신 도야의 본질임을 알게나.

* 이 대화 역시 플라톤의 저작에서 뽑은 것이다. 플라톤의 저작은 대부분 플라톤 자신의 생각을 스승인 소크라테스의 입을 빌어 이야기하는 형식으로 되어 있다.
** '선의 이데아Idea'는 모든 면에서 완전한 것에 대한 이름이다. 따라서 그것은 진리와 아름다움을 포괄하는 개념이다.

고르기아스의 세 가지 명제*

* 시칠리아 섬의 레온티노이 출신인 고르기아스 Gorgias(기원전 483~375)는 기원전 427년에 외교 사절의 일원으로 아테네에 간다. 얼마 되지 않아 그는 대단한 웅변가이자 학자로 이름을 떨치게 된다. 그의 논적 플라톤은 그를 위해 한 편의 글을 바쳤는데, 당연히 고르기아스를 좋게 묘사하지 않았다. 재미있는 사실은 플라톤이 그를 그토록 공격했고 삶에 대한 그의 태도가 더할 나위 없이 회의적이었는데도 100세가 넘도록 오래 살았다는 점이다.

시간이 흐르면

앞에서 살펴 본 동굴의 비유는 "과연 인간이 세계에 대한 참된 인식에 도달할 수 있을까?"라는 회의에 찬 물음에 대한 플라톤의 대답이다. 플라톤은 이 답을 통해서 그의 적대자인 '소피스트*'의 생각을 반박하고자 하였다. 플라톤 당대의 소피스트들은 대부분 진리의 인식 가능성을 의심했다. 그 가운데서도 고르기아스는 진리의 인식 가능성을 극도로 회의한 대표적인 사람으로 알려져 있다.

그런데 소피스트들은 왜 이런 의심을 하게 되었을까? 우리는 매일, 매시간, 혹은 매순간 세계가 끊임없이 변하고 우리 자신도 변한다는 것을 알고 있다. 시간이 흐르면 모든 것이 변한다. 해는 떴다가는 지고, 달도 찼다가는 기운다. 날씨도 우리의 기분만큼이나 변덕스럽다. 사계절도 어느새 왔다가는 어느 순간 가 버린다. 날마다 새 사람이 태어나고 새 동물들이 태어나지만, 다른 한편에서는 늙은 생명들이 죽어 간다.

미세한 원자의 세계에 이르기까지 모든 것이 쉬지 않고 움직인다. 그 어떤 것도 오랜 세월을 견디며 본래의 상태를 유지하는 것은 없다. 그런데 어떤 한 순간을 일컬어 바로 그때 사물이 자신의 참 모습을 나타낸다고 말할 수 있겠는가? 도대체 그런 순간이 있을까?

한 그루의 나무를 보아도 한 해 동안 수없이 그 모습을 바꾼다. 봄이면 가지에 움이 돋아 어느새 꽃을 피우고 여름이 되면 무성한 잎 사이로 작은 열매를 맺는다. 그러다 가을이 면 울긋불긋한 낙엽을 떨어뜨려 나뭇가지가 앙상한 모습으로 겨울을 맞는다. 이 사계절의 변화 중 어느 것이 나무의 참 모습이라고 말할 수 있을까?

그런데 "봄, 여름, 가을, 겨울 가운데 어느 때에 나무의 참 모습을 볼 수 있을까?"만을 궁리하다 보면, 해마다 나무가 자란다는 사실, 더 커지고 풍성해진다는 사실은 간과하는 건 아닐까.

우리는 무슨 생각으로 "'바로 저것'이 벚나무다" 혹은 "'바로 이것'이 사과나무다"라고 말하는 것일까.

"바로 저것이 사과나무다"라는 명제는 단순히 우리 눈에 보이는 특정한 나무만을 가리키는 것은 아니다. 이 명제는 자동적으로 같은 종류의 '모든' 사과나무와 일정한 연관을 맺을 수밖에 없다. 왜냐하면 이 명제는 우리 눈에 보이는 나무를 상위 과일 나무 종種의 사례로서 인식하는 것이기 때문이다.

---

* 오늘날 '궤변가'로 번역되는 '소피스트sophist'란 말의 본래 뜻은 '지혜로운 사람'이다.

나무는 나무다

나무란 나무를 모두 다 볼 수는 없다. 우리는 살면서 단지 몇 그루의 사과나무, 자두나무, 벚나무를 볼 뿐이다. 그것도 아주 단편적으로 말이다. 게다가 우리의 관찰 방식은 여러 가지 가능한 관찰 방식 가운데 하나에 불과하다. 이 점은 우리가 앞에서 책상의 예를 통해 분명히 보았다.

결국 우리의 지식은 다음 두 가지 이유에서 상대적이다.

첫째, 어떤 대상이든 양적인 면에서 그것을 다 관찰할 수 없다.

둘째, 사물을 인식하는 우리의 관점은 항상 제약되어 있다. 한 연구 보고서에 따르면, 실제로는 같은 수준이어도 남학생의 논문이 언제나 여학생의 논문보다 높은 점수를 받는다고 한다. 교수들의 편협한 관점 때문이다.

플러세보placebo라는 약이 있다. 이것은 아무런 약효가 없지만 진짜 약처럼 보이는 일종의 위안용 물질이다. 그런데 이 가짜 약이 진짜 약에 버금가는 치료 효과를 낸다는 보고가 있다. 환자들은 이 '약 아닌 약'을 먹으면서 그것이 자기

병을 낫게 해 주리라고 굳게 믿게 마련인데, 바로 그런 믿음이 치료를 돕는다는 이야기다.

광고가 효과를 보는 것도 같은 이치다. 몇 마디 광고 문구가 '자기 암시'의 과정을 통해서 사실인 양 간주되는 것이다.

예를 들어 '어떤 세탁기를 써 보니 아주 좋더라'고 생각하는 사람들은 대부분 그 세탁기가 탁월하다는 선전 문구의 최면에 걸려 있다는 연구 결과가 있다. 이러저러한 많은 예에 비추어 볼 때, 2000여 년 전에 소피스트들이 참된 인식의 가능성을 의심한 것은 당연한 일이었다.

어떤 대상을 똑같이 체험하고 똑같이 인식하는 두 사람이 과연 있을 수 있을까?

문제는 더 많다. 우리는 어떤 꽃이 특별히 마음에 들면 "이 꽃 참 아름답다"는 말로 감정을 표현한다. 하지만 이 말이 우리가 보고 느끼면서 마음에 품게 되는 감정을 정확히 나타낼 수 있을까?

'꽃'이라는 말, '아름답다'는 말은 나의 감정을 표현하고 전달하기에는 너무나 일반적이다.

그런데 진리를 의심하는 소피스트들의 주장이 정말 옳다

arose is — arose

면, 이 책은 여기서 끝을 맺어야 한다.

또 누구도 더 이상 책을 쓸 필요가 없다. 아니, 이 세상 모든 사람이 단 한 마디의 말을 하면서도 '아마도'라든지 '혹시', 또는 '겉으로 보자면' 등의 말을 덧붙여야만 할 것이다. 플라톤 같은 대철학자라고 할지라도 그렇게 말해야 한다.

요컨대 우리가 플라톤의 '동굴의 비유'에 나오는 '감각적 지각의 동굴'에 갇혀, 세계의 모사물模寫物이나 '그림자'만 본다면 언제나 그렇게 처신할 수밖에 없다는 것이다.

그러나 플라톤은 소피스트들의 극단적 회의주의를 거부한다.

플라톤에 따르면, 소피스트들은 쓸데없는 것을 버린 것은 좋았으나 고이 간직해야 할 귀중한 것, 즉 진리까지 함께 버리는 오류를 범했다.

아기의 몸을 씻다가 목욕물이 더러워지거나 식으면 물만 버려야 하는데, 소피스트들은 아기(진리)까지 함께 버렸다는 것이다.

아래와 위, 오른쪽과 왼쪽*

5월의 어느 맑게 갠 오후였다. 태양이 빛나긴 했지만 게오르그Georg가 보기에 바깥에는 아무런 그림자도 드리우지 않는 것 같았다.

그런데 무언가 이상하다는 생각이 들었다. 앞쪽에 보이는 나무와 덤불 울타리는 마차의 진행 방향과는 반대로 흘러 지나갔다. 그것도 가까워질수록 더 빠르게 말이다. 하지만 뒤쪽의 광경은, 그것이 먼 거리에 있는 것일수록 더 빠르게 마차가 가는 방향으로 움직였던 것이다. 서로 마주보는 방향으로 움직이는 이 두 광경을 보자니까 앞의 전경과 뒤편의 배경 사이에는 사물이 정지해 있는 고요한 장소가 꼭 있을 것만 같았다.

"그곳이 어딜까, 참 재미있단 말이야."

그는 소리내어 중얼거렸다. 뭔가 복잡한 생각을 할 때마다 혼잣말을 해대는 것이 그의 오랜 습관이었다.

'사물이 정지해 있는 고요한 장소'라! 물론 그건 말이 안 되는 소리다. 앞으로 나아가면 나아갈수록, 앞에 있던 광경은 조금씩 조금씩, 그러나 하나도 빠짐없이 뒤편으로 서게 되는 것이 당연한 이치 아닌가.

 하지만 눈에 보이는 모습은 전혀 다르다. 그는 다섯 살이 될까 말까 한 나이에, 처음으로 이런 묘한 경험을 했다.

 그때는 겨울밤이었다. 아버지를 따라 교외로 산보를 나갔다. 그의 아버지는 바쁜 사람이었기 때문에 이런 산보는 어쩌다가 한 번 있는 일이었다. 그래서 게오르그는 흥분했고 눈에 보이는 모든 것을 놀라워하며 바라보곤 했다.

 그날은 눈이 많이 내렸다. 아버지는 머리를 뒤로 젖혀 하늘의 눈발을 바라다보았다. 그러면 아들도 흉내를 냈다.
"뭐가 보이니?"
"눈이요. 눈송이들이 하늘에서 내려오네요."
"잘 봐라, 눈송이가 어디서 떨어지나."
"모든 눈송이가 한 곳에서 떨어지네요."

 아버지는 그를 칭찬해 주고는 또 물었다. 이번에는 옆으로 눈이 내리는 것을 보고 그 모습이 어떤지 말해 보라고 말이다.

 그래서 아들이 옆을 보자, 이제는 눈송이들이 한 곳에서 떨어지는 것이 아니라 평행선을 그리며 땅 위로 내리는 것이 분명했다. 하지만 다시 한 번 하늘을 올려다 보자 그 떨어지는 눈송이들은 한 점으로부터 원을 그리며 솟아 나와서는 사방으로 흩날려 퍼지는 새하얀 꽃잎들 같았다.
"요는 관점의 문제란다."
 아버지가 말했다.

"이렇게 보면 이렇고, 저렇게 보면 또 저렇단다."

아버지의 이 말은 게오르그에게 아주 인상 깊게 남았다. 아버지는 남다른 신앙심을 가지고 있었다. 게오르그는 오늘 문득 아버지의 신앙심 역시 세계를 보는 아버지의 관점에서 비롯된 것이리라는 생각이 들었다. 눈을 들어 하늘을 보면 그 중심에 신이 있지만, 좌우만을 둘러보면 그런 하늘은 없고 나란히 붙어 있는 피조물들만 보이지 않겠는가.

아버지는 그 무엇보다도 별을 사랑했다. 아버지에게 별은 신이 머무는 하늘의 중심에서 떨어지는 밤하늘의 눈보라였다.

하지만 올려다 보지 않고 옆으로만 보는 사람에겐 무엇이 보일까. 아무런 유대가 없는 인간들만이 보일 것이다.

"사물이 정지해 있는 고요한 장소, 그곳은 어딜까, 참 재미있단 말이야."

문득 정신을 차린 게오르그는 다시 중얼거렸다.

---

* 보에티우스 Henning Boetius의 소설 『난장이 Der Gnom』에 나오는 젊은 과학자이자 작가인 리히텐베르크 Georg Christoph Lichitenberg(1742~1799)가 우편 마차를 타고 가면서 관찰한 내용이다.

장님과 코끼리 이야기*

옛날에 베나레스**의 한 왕이 소일거리로, 태어날 때부터 장님인 거지 몇 사람을 불러다 놓고는 코끼리를 가장 잘 묘사하는 사람에게 상을 주겠노라고 했다. 그러자 한 거지가 나섰는데, 그가 코끼리를 만진다고 만진 것은 다리였다. 그는 "코끼리는 통나무처럼 생겼습니다"라고 했다. 또 다른 장님은 코끼리의 귀를 만져 보고는 코끼리는 종려나무의 잎 같이 생겼다고 단언하였다. 거지들은 계속 자기가 옳다고 싸우고 왕은 그 싸움을 보면서 즐겼다는 이야기다.

---

* 이 글은 인도의 석가모니(기원전 500~480)가 한 이야기를 옮긴 것이다.
** 석가모니가 설법說法을 한 인도 북동부의 도시 이름.

원본과 복사본

'관념론자'라고 불리는 플라톤과 그 추종자들은 "인간은 이성에 힘입어 '보편적인 것(보편자)' 또는 '본질적인 것(본질)'을 인식할 수 있다"고 굳게 믿었다. 그것도 아무런 의혹과 단서 없이 인식할 수 있다고.

이 세상에는 물론, 여러 종류의 사과가 있다. 하지만 우리는 배나 토마토와 구별해서 무엇이 '사과'인지 알고 있다. 만약 모든 사과가 공룡처럼 지구에서 완전히 멸종한다 해도 우리는 어느 것이 사과인지 알 수 있을 것이다.

그렇다면 사과의 '이데아Idea'는 변하지 않고 항상 '존재'해야만 한다. 플라톤에 따르면, 모든 사물의 이데아, 그러니까 삼각형의 이데아, 정의

正義의 이데아 등은 태초부터 존재해 왔음에 틀림없다는 것이다.

 플라톤에 따르면, 이 세계에 존재하는 구체적인 사물들은 그것들의 '원본'인 이데아의 '복사물', 불완전하고 가변적인 복사물이다. 한편 이데아들은 나름의 완벽한 질서를 갖춘 다른 세계, 즉 이데아의 세계에 존재한다.

라파엘로, 〈아테네 학당〉(부분, 플라톤과 아리스토텔레스), 1509~1511

인간은 육체와 불사不死의 영혼으로 이루어져 있다. 인간에 깃들여 있는 불사의 영혼은 본래 이데아의 세계에서 태어났으며, 그 세계에 있다가 어느 날부터인가 육체라는 질곡에 갇히게 되었다. 따라서 우리 인간의 영혼은 깊은 사색과 회상回想을 통해서 본래의 고향, 다시 말해서 영원한 통찰의 왕국을 떠올릴 수 있다는 것이 플라톤의 주장이다.

하지만 과연 그럴까? 만약 플라톤의 이데아론 자체도 하나의 '이데아'에 지나지 않는다면 어떻게 되는가.

우리는 과연 어디에서 또 어떻게, '그 자체로서 존재하는' '보편자'를 파악할 수 있을까. 우리는 말할 때 '고양이', 즉 어떤 보편적인 것으로서의 고양이를 들먹이지만 실제로 우리가 관찰할 수 있는 것, 실제로 묘사할 수 있는 것은 다만 몇 마리의 고양이, 이러저러한 모양을 한 구체적인 고양이들뿐이다.

이렇게 생각해 보면 어떨까. 각각의 고양이는, 플라톤이 말하듯이 단순히 불완전한 복사물인 것이 아니라 보편자로서의 고양이, 즉 고양이의 본질이 구체적으로 표현된 본질의 구현具現이라고. 그럴 듯한 견해다. 이것은 플라톤의 뛰어난 제자인 아리스토텔레스가 제시한 견해이다.

처음부터 있는 것인가, 아니면
나중에 만들어진 것인가

보편자의 문제에 대한 또 다른 견해도 있다. 이 견해에 따르면, 보편자는 다만 우리의 머리 속에만 있다. 코끼리가 가지고 있는 '보편적인' 성질들, 크고 회색이며 네발로 걷는 장비류長鼻類라는 등등의 성질은 여러 코끼리에 관찰되는 공통적인 요소를 머리 속에서 추상해 낸 것이라는 주장이다. 그 이상도 아니고 그 이하도 아니다. 이것은 중세의 철학자 오캄William of Ockham(1285~1347/1350)의 주장이다.

한편 프랑스의 수도사 아벨라르Petrus Abaelardus(1079~1142)는 플라톤의 주장도, 그리고 아리스토텔레스의 주장이나 오캄의 주장도 다 옳다고 생각하였다. 그에 따르면, 신적인 영원한 존재에게는 보편자나 본질이 세상 만물의 창조 '이전'에 있어야 한다. 그래야만 그것을 본떠서 세상 만물을 만들 것이기 때문이다. 하지만 자연의 경우는 보편자가 사물들 '속'에 있다. 그리고 우리 인간의 경우에는 신으로부터 선물 받은 이성을 가지고 그것을 인식한 '다음'에야 비로소 보편자가 존재한다는 것이다.

인간의 인식을 떠받치고 있는 두 다리는 어떤 다리인가. 과연 튼튼한 다리인가. 이 물음을 곰곰이 따져 보면, 결국 인간의 인식은 제대로 된 방향감 없이 그저 지팡이로 두드리며 걸어 나가는 꼴임이 분명하다. 그것도 고정된 대지가 아닌 흔들리는 땅 위를 말이다.

무언가를 객관적으로 또 의심할 바 없이 확실하게 인식해야 한다는 과제에 비추어 볼 때, 사물을 인식하는 우리(인식 주관)는 물론이고 우리가 인식하고자 하는 대상(인식 대상), 더 나아가 우리가 인식한 것을 고정시켜 표현하는 말과 개념들은 많은 점에서 문제투성이임이 드러났다. 하지만 생각해 보자. 인식의 확실한 토대가 없다면 세상은 어떻게 되겠는가.

프랑스의 철학자 데카르트는 결코 의심할 수 없는 확실한 인식의 토대를 찾는 일을 철학의 제일 과제로 삼았다. 그것을 찾기 위해 데카르트는 조금이라도 의심이 가는 것은 무엇이든지 배제하는 우회의 길, 이른바 '방법적 회의'의 길을 걸었다. 그래서 심지어는 지금 이 현실도 한갓 꿈일 수 있다는 의심까지 하였다.

모든 것이 그저 꿈인가*

나는 젊었을 때부터 얼마나 많은 오류를 진리라고 생각해 왔는가를, 그리고 내가 나이 들어서 주장한 것들도 따지고 보면 얼마나 의심스러운 것인가를 몇 년 전에야 비로소 깨달았다. 그래서 나는 학문적으로 무언가 확실하고 항구적인 것을 세우려 한다면, 살면서 적어도 한 번은 철저하게 모든 것을 뒤집어엎고 처음부터 다시 시작해야 한다는 생각을 하게 되었다…….

이제 나는 의혹의 그림자만이라도 드리우는 것이면 그 모든 것을 내가 잘못 인식한 것으로 여기고 제거해 보려 한다. 확실한 것을 알 때까지. 아니, 그 결과가 확실한 것은 아무것도 없다는 확신으로 끝난다고 할지라도 말이다. 아르키메데스Archimedes**는 확고부동한 한 점點만 있으면 지구를 움직이겠다고 했는데, 나 역시 그런 점을 찾기 위해 의심스러운 모든 것을 제거해 보겠다.

내가 지금까지 진리라고 받아들인 모든 것은 직접적이건, 간접적이건 감각 기관을 통해서 받아들인 것들이다. 하지만 나는 이따금 감각이 우리를 기만하는 것을 확인하였다. 우

르네 마그리트, 〈내게 중요한 것들〉, 1952

리를 한 번이라도 기만한 사람은 어떤 상황에서든 전적으로 신뢰하면 안 된다는 것이 처세의 요령이다.

그런데 작은 물체나 멀리 떨어져 있는 대상에 대해서는 감각이 우리를 때로 속인다고 할 수 있지만, 그렇지 않은 대부분의 사물의 경우에는 아무리 감각적인 것이라 할지라도 의심한다는 것이 불가능해 보인다. 예를 들면 내가 여기 있다든지, 손으로 종이를 만진다든지 하는 경우 말이다. 내가 무슨 권리로 이게 내 손이고 이건 내 몸이라는 것을 부인할 수 있단 말인가. 그렇다면 나는 집요한 우울 증세로 판단력이 흐려져서 실제로는 아주 가난한 사람인데도 자신이 분명 왕이라고 확신하는 정신 이상자들과 다를 것이 없으리라……. 그런 사람은 미친 사람이다. 그런데 그런 잘못을 내가 반복한다면 나 역시 그 사람들과 마찬가지로 미친 사람이리라.

하지만 잠시 생각을 바꿔 보자. 나는 밤이면 자다가 꿈을 꾸는 인간이 아닌가. 뭇 사람이 깨어서 체험하는 모든 것들을, 아니 더 나아가 아주 믿기 어려운 일들까지도 꿈에서도 평상시와 똑같은 체험을 하곤 한다. 그렇다면 나는 지금 내가 여기 있고, 상의를 입고 있고, 난로 앞에 앉아 있다고 믿고 있지만 실제는 옷을 벗고 침대에 누워 잠을 자고 있을지도 모를 일이다.

지금 나는 분명히 눈을 부릅뜨고 종이를 바라보고 있다. 또 내가 움직이는 머리는 꿈을 꾸고 있지 않다. 신중하게 의식적으로 손을 내밀면 이러저러한 감각이 온다. 그렇다면 나는 지금 꿈 속에서 무언가를 느끼는 것이 아니리라.

하지만 전에도 비슷한 생각을 했지만 알고 보니 꿈이었던 적이 있지 않았는가. 꿈과 깨어 있는 상태를 구별해 주는 확실한 기준이 있을지 분명하지가 않다. 이런 생각을 하다 보니 문득 내가 지금 꿈을 꾸는 것일지도 모른다는 생각이 나를 사로잡는다…….

결국 나는 언젠가 내가 진리라고 생각했던 모든 것이 따져 보면 다 의심스러운 것이라고 고백하지 않을 수 없다. 그래서 나는 이런 강한 가정을 하게 되었다. 세상에는 아무 것도 없다. 하늘도 없고, 땅도 없고, 정신도 없고, 육체도 없다고 말이다.

　그렇다면 나도 없는가…….

데카르트

* 데카르트 René Descartes, 『성찰 Meditationen』, 1641.
** 그리스의 수학자이자 물리학자(기원전 285~212).

나비의 꿈

장자는 꿈 속에서 나비가 되었다. 다음날 아침 그는 매우 우울해 있었다.
그의 친구들이 물었다.
"무슨 일인가? 우리들은 자네가 그토록 우울해 있는 것을 본 적이 없네."
장자가 말했다.
"나는 당황해 어쩔 줄을 모르겠네. 나는 도대체 이해할 수가 없다네. 밤에 자는 동안 나비가 된 꿈을 꾸었네."
친구들은 웃음을 터뜨렸다.
"누구도 꿈 때문에 그처럼 괴로워하지는 않네. 자네가 꿈에서 깨어났으면 꿈은 이미 사라졌는데 왜 그토록 고민하는가?"
장자가 말했다. "그것이 문제가 아닐세. 내가 지금 당황하고 있는 것은 만약 내가 꿈 속에서 나비가 될 수 있다면, 거꾸로 나비가 잠이 들어 장자가 된 꿈을 꾸고 있을 수도 있는 걸세. 내가 꿈 속에서 나비가 될 수 있다면 왜 그 반대가 불가능하겠는가? 나비도 꿈을 꾸어 장자가 될 수 있지 않겠는가? 장자가 꿈을 꾸어서 나비가 되었는지, 나비가 지금 장자가 된 꿈을 꾸고 있는 것인지, 도대체 무엇이 진실인가?"*

---

* 『장자莊子』의 「제물론齊物論」 참조. 중국의 장자가 꿈에 나비가 되어 즐겁게 놀았다는 이 이야기를 두고 장주지몽莊周之夢이라 한다. 장자는 꿈도 현실도, 삶도 죽음도 구별이 없는 세계를 강조했다. 우리가 보고 생각하는 것도 한낱 만물의 변화상에 불과하다는 것이다. 곧, 바깥 사물(외물外物)과 자아의 구별이 없는 세계를 강조한 말이다. 일명 호접몽胡蝶夢이라고도 한다(옮긴이).

서커스 관람석에서*

지치지 않는 관객으로 가득 찬 서커스장. 무자비하게 채찍을 휘두르는 서커스 단장. 폐결핵으로 쓰러질 것만 같은 여자 곡마사. 단장은 약한 여자 곡마사를 말에 태워 몇 달이고 쉬지 않고 연기하도록 채찍을 휘두른다. 그녀는 끊임없이 말 위에서 곡예를 하고 관중에게 키스로 답하며 허리 굽혀 절한다. 곡예는 쉼 없는 오케스트라 음악 소리와 환풍기 소리에 묻혔다가는 마치 증기 해머와 같은 박수 소리, 사그라졌다가는 다시 강해지는 박수 소리에 다가오는 음울한 미래로까지 계속된다. 급기야 관람석에 있던 한 청년이 계단을 달려 내려온다. 청년은 연기장으로 뛰어들며 소리친다.
"제발 그만!" 언제나 임기 응변에 능한 오케스트라는 연기의 끝을 알리는 팡파르를 울린다.
하지만 실제는 그렇지 않다. 희고 붉은 옷을 입은 아리따운 여성이 커튼 사이로 날아들어 왔는데, 위풍당당한 제복을 입은 하인이 그녀를 위해 커튼을 젖혀 주었다. 감독은 헌신적으로 그녀의 눈길을 주시했고, 동물이 있는 곳까지 따뜻이 그녀를 안내했다. 그는 회색빛이 도는 얼룩말 위에 아

조르쥬 쇠라 Georges Seurat, 〈서커스〉, 1891

주 조심스럽게 그녀를 앉혔다. 아주 세심하게, 마치 이제 말을 타고 위험한 길을 가야만 하는 사랑하는 손녀를 대하듯이. 감독은 회초리로 신호를 한다는 게 마음에 걸렸지만 꾹 참고 살짝 회초리를 휘둘렀다. 그리고는 놀란 듯이 입을 벌린 채 말을 따라 달렸다. 여자 곡마사가 도약을 시작하자 예의 주시 그녀의 뒤를 따르면서 영어로 무어라 외쳐 주의를 주었다.

그런데 막상 그녀의 연기가 보여 준 노련함은 그로서도 어떻게 표현할 수 없을 정도였다. 줄을 잡고 있는 보조 연기자들에게는 화를 내며 극도로 신중할 것을 타일렀다. 하이라이트인 목숨을 건 공중 회전 직전에는 오케스트라가 제발 소리를 내지 말도록 두 손을 높이 들며 기원했다. 연기는 성공했고 감독은 떨고 있는 말에서 귀여운 그녀를 내려서는 두 뺨에 키스하였다. 그로서는 관중의 환호와 경의가 양에 차지 않았다. 그녀는 감독의 부축을 받으며 발끝으로 섰다. 사방에 먼지가 일었지만 그녀는 머리를 뒤로 돌리고 양팔을 뻗어 그녀의 기쁨과 행복을 서커스단 전체와 함께 하고자 했다.

사태가 이렇게 되자 관람석의 그 청년은 그저 난간만 물끄러미 바라보았다. 그러다가 고별 행진, 아주 무거운 꿈과도 같은 고별 행진에 묻혀 울기 시작했다. 그 청년은 자기가 운다는 사실조차 의식하지 못했다.

* 카프카 Franz Kafka, 『관람석에서 *Auf der Galerie*』

코로 본 세계*

뒤러, 〈철갑코뿔소〉(부분), 1515

사물을 바라보는 관점은 하나가 아니다. 그래서 나는 늘 우리 인간의 관점과 다른 관점은 없을까 궁금했다. 그 다른 관점에 서면 세계는 우리가 생각하는 것과 전혀 다를 수도 있지 않을까 해서였다.

이 세상에 서로 다른 많은 생명체가 살고 있다. 어느 날 나는 혹시 이들 각각의 생물 종은 자신만의 고유한 세계에 사는 것이 아닐까 하는 생각을 하게 되었다. 그들의 지각知覺 체계 역시 인간의 그것과는 완전히 다르리라는 생각과 함께.

돌고래에게 세계는 어떤 모습이며, 앵무새나 코뿔소에게는 또 어떤 모습일까를 한번 생각해 본다면, 세계의 진정한 모습을 추구하는 우리의 기본 태도는 달라지고 말 것이다.

코뿔소 코의 비점막鼻粘膜은 냄새 맡는 능력이 사람의 100만 배에 이른다. 한편 코뿔소의 시각 능력은 보잘 것 없다.

다시 말하자면, 인간은 주로 시각視覺을 통해서 세계를 지각하지만 코뿔소는 주로 후각嗅覺을 이용해 세계를 지각한다.

빛의 운동은 거의 시간을 필요로 하지 않는다. 인간은 이 빛에 힘입어 사물을 보기 때문에 아주 작은 조각의 시간을 일컬어 '지금'(또는 현재)이라고 부른다.

하지만 코뿔소는 냄새에 힘입어 사물은 '본다.' 그런데 냄새라는 것은 며칠이고 공기 속을 떠다니는 것이어서, 코뿔소에게 시간은 먼 경치나 배경과 같은 것이다. 물론 코뿔소가 그걸 무어라 부르는지, 물어 볼 수도 없고 알 수도 없다.

중요한 것은, 인간 지각의 기원을 알고, 더 나아가 인간의 지각이 사물을 잘못 보여 주기도 한다는 점을 잘 깨닫는 일이다.

인간이 처음 지구상에 태어나 주변을 두리번거리던 때를 상상해 보자. 태초의 인간, 아마도 진흙덩어리였다가 이제 막 깨어난 인간은 이렇게 생각했으리라.

"아, 참 재미있는 세상이로구나. 나에게 아주 잘 어울리는 세상이야. 이것은 우연이 아닐 거야. 이 세상은 나에게 잘 들어맞게끔 만들어진 것이 분명해."

하지만 이것은 환상임이 드러났다. 오늘날 인류가 바로 그 환상으로부터 고통을 받고 있지 않은가.

이제 우리가 이 환상에서 벗어나려면 세계를 다른 관점으로 바라보는 방법밖에 없다. 두 개의 가능한 세계가 있을 것 같다. 하나는 다른 동물의 관점에서 본 세계다. 즉, 다른 동물들이 지각하는 세계를 이해해 보자는 것이다. 두 번째는 현대의 컴퓨터가 열어 놓은 세계이다. 컴퓨터는 이 세계를 만들기 위해 인간이 머리 속에서 조작해 낸 데이터들을 재조작할 수 있게 해 준다. 그것 역시 이 세계와는 다른 세계리라.

* 이 글은 더글러스 애덤즈 Douglas Adams의 3부작(5권), 『은하로의 무전 여행 안내서 The Hitchike's Guide to the Galaxy』에서 뽑은 것이다.

확실한 진리—아르키메데스의 점

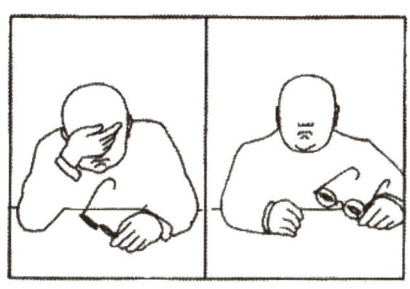

꿈인지 생시인지 확인하려면 그저 팔을 꼬집어 보면 된다고 생각하기 십상이다. 하지만 천만의 말씀이다. 꼬집히는 고통도 꿈일 수 있다.

누군가가 이렇게 반박할지 모르겠다. "아니, 여기 나 말고도 많은 사람이 있지 않소. 나는 똑같은 상황에 놓여 있고 이 상황을 분명하게 표현할 수 있는 많은 사람이 있는데도 이게 꿈이란 말이오?" 하지만 데카르트의 대답은 마찬가지다. 그 역시도 꿈일 수 있지 않은가 말이다. 결국 데카르트에 따르면, 우리는 모든 것을 의심할 수 있다.

데카르트의 철학적 성찰은 이것으로 끝나지 않는다. 우리는 모든 것을 의심할 수 있지만, '의심한다'는 그 사실만큼은 의심할 수 없다. 혹시 누군가는 이 자체를 다시 의심하려 할지 모른다. 하지만 그 사람의 의심은 결국 의심의 존재를

한스 힐만 Hans Hilmann

부인하기보다는 오히려 확인해 줄 뿐이다.

데카르트는 자신의 진리 추구가 절망적인 결론에 이르는 것을 원하지 않았다. 그래서 의도적이었는지는 모르겠지만 아주 작은, 그러나 결정적인 사고의 오류를 (스스로) 범한다. 그리고 바로 이 오류에 힘입어 간신히 회의懷疑와 의심의 구렁텅이에서 빠져 나올 수 있었다.

데카르트의 묘책은 이렇다. "회의가 있는 곳에는 반드시 회의하는 사람이 있어야 한다." 데카르트는 이를 라틴어로 "코기토 에르고 줌Cogito, ergo sum"이라 하였다. 잘 알려져 있듯이, 이 말은 "나는 회의한다, 그러므로 존재한다"는 뜻이다.

'생각하는 내가 존재한다'는 것을 확인한 데카르트는 이 확실한 진리를 '아르키메데스의 점'*, 즉 움직이지 않는 점으로 삼아 세계 전체를 다시 들어 올린다. 그의 주장은 계속된다.

비록 우리 자신은 모든 것을 의심하는 존재이지만, 우리는 아무런 의심도 하지 않는 존재, 모든 면에서 완전한 존재인 신을 머리 속에 그려 볼 수 있다. 완전한 신. 그런데 신이 완전하다면 그 신은 반드시 존재해야만 한다. 존재하지도 않는 신은 완전하다고 할 수 없기 때문이다.

또 데카르트에 따르면, 이런 완전하고 전능한 존재인 신은 불완전한 인간이 고안해 낸 것일 수 없다. 그 반대의 경우만이 가능하다는 것이다. 데카르트는 이런 논리로 자신이 신의 존재를 '증명'했다고 생각하기에 이른다.

데카르트에 따르면, 이 신은 인간의 진리 탐구를 돕는다. 인간이 마치 신처럼 무언가를 이성적으로 명석 판명하게 인식할 수 있는 것은, 신이 인간의 이러한 노력, 즉 그가 가장 아끼는 창조물인 인간의 진리 탐구 노력을 뒷받침해주기 때문이라는 것이다.

---

* 아르키메데스는 '움직이지 않는 한 점'만 주어진다면 긴 막대기를 이용하여 지구를 들어 올리겠노라고 주장하였다. 여기서 비롯된 비유적 표현인 '아르키메데스의 점'은 확실한 지식의 궁극적 기초, 모든 지식을 떠받치는 궁극의 토대를 의미한다.(옮긴이)

원인과 결과*

실제로 벌어진 사태, 우리 눈 앞에 전개된 사태에 대한 인간의 사고는 모두 그 사태를 '원인과 결과'의 관계 위에서 재구성하는 과정이다. 과거의 기억이나 감각적 지각을 두고 그것이 '확실하다 evident'는 주장을 펴기 위해서는 반드시 이 인과 관계에 호소해야 한다.

누군가에게 왜 당신은 눈 앞에 있지 않은 사실, 예를 들면 당신의 친구가 시골에 있다거나 프랑스에 있다는 사실을 믿느냐고 묻는다면 그는 나름대로 근거를 댈 것이다. 편지를 주고 받았다든가 그 친구의 어떤 결정과 약속에 대한 소식이 있었기 때문에 그 사실을 믿는다고. 또 누가 불모의 섬에서 시계와 같은 어떤 기계를 하나 발견했다고 하자. 그러면 그는 과거 한때 이 섬에는 사람들이 살았다는 추론을 한다.

사실에 관한 인간의 사고 과정은 모두 이런 식이다. 여기에는 항상 현재의 사실과 또 다른 사실, 즉 현재의 사실로부터 도출되는 사실 사이의 일정한 연관이 전제되어 있다. 물론 그것들 사이에 아무런 관계가 없으면, 그 도출은 근거 없는 것이다…….

이런 종류의 여러 사고 과정을 잘 들여다 보면, 그것은 모두 인과 관계에 근거하고 있음을 알 수 있다…….

그렇다면 인과 관계에 대한 지식은 과연 어떻게 얻어지는지 한번 따져 보기로 하자.

감히 나는 "모든 인과 관계에 대한 지식은……전적으로 경험에서 유래한다"는 것을 보편적인 명제, 예외 없는 원칙으로 주장하고자 한다. 다시 말하자면, 인과 관계란 어떤 특정 대상들이 항상 관계를 맺는다는 것을 반복적으로 관찰하는 데에서 비롯된다는 것이다…….

최초의 인간인 아담이 처음부터 완전한 이성 능력을 가지고 있었다고 가정해 보자. 그가 어느 날 맑고 투명하게 흐르는 물을 보았다. 그러면 그는 이성 능력에 힘입어 물의 유동성과 투명성으로부터 곧바로 물은 사람을 질식시킬 수도 있다는 추론을 해 낼 수 있었을까? 결코 그러지 못했으리라. 또 불이 밝고 따뜻하다는 것을 알았다고 해 보자. 그러면 곧바로 불이 그를 태울 수도 있다는 것을 생각해 낼 수 있었을까?

한 사물의 감각적 성질은 그 사물이 생기게 된 원인이나 그 사물이 야기할 수도 있는 결과를 알려 주지 않는다. 인간의 이성도 경험의 도움 없이는 현실 세계의 존재자와 사태에 대한 어떤 추론도 할 수 없다…….

단순히 생각해 보면, 어느 날 갑자기 지구에 태어난다고 해도 우리는 처음부터 당구공이 다른 당구공을 때리면 그 결과로 운동이 전달된다는 추론을 해 낼 수 있을 것만 같고, 이런 정도의 추론은 실제 결과에 대한 확인 없이도 단언할 수 있을 것만 같다. 하지만 이런 착각은 다 반복된 사고의 습관 속에서 비롯된 것이다.

습관의 힘은 엄청나다. 습관적 사고는 일단 몸에 배면 우리의 무지를 은폐하는 것은 물론이고, 그것이 습관이라는 사실까지도 은폐한다. 그래서 습관은, 몸에 깊이 배면 마치 없는 것처럼 보인다.

* 흄 David Hume, 『인간 오성론 An Interpretation of the Human Understanding』, 1742 중에서

아무 것도 씌어 있지 않은 종이

데카르트는 참된 인식에 도달한답시고 필요 없이 신을 끌어들였다고 많은 철학자에게서 비판을 받았다. 데카르트의 신의 존재 증명에도 문제가 있음이 지적되었는데, 그가 수행한 신의 존재 증명에 따르면 우리가 머릿속에 떠올릴 수 있는 '완전한' 존재로서의 신은 그 완전성 때문에 존재할 수밖에 없다는 것이다. 그러나 이는 논리에 맞지 않는 증명법이다. 오히려 '완벽한' 어떤 것, 예를 들어 '완벽한' 해수욕장은 완벽해야 한다는 그 요구 때문에 이 세상에는 존재할 수 없을 것이다.

진리는 이성으로부터 나온다는 데카르트의 주장, 즉 이성적으로 옳다고 인식한 것에 기초해야만 진리 추구가 가능하다는 데카르트의 주장에도 문제가 있다.

머리 속으로 들어가 그 속의 생각을 '읽어' 낼 수는 없는 노릇이다. 데카르트에 반대한 사상가들은 머릿속에서 진행

되는 일들이야말로 믿을 수 없는 의심스러운 것이며 순전한 상상일 수도 있다고 지적하였다. 사실 상상이나 환상 속에서는 진짜 말이나 황금 말이나 생생하기는 마찬가지다.

데카르트에 반대한 영국의 철학자 로크John Locke(1632~1704)와 데이비드 흄David Hume(1711~1776)은 데카르트 식의 '이성' 철학을 거부하고 오히려 인간 인식을 '관찰된 사실'이라는 보다 확실한 기반 위에 세우려고 하였다.

이들은 물론 감각적 착오의 가능성, 즉 감각이 우리를 속일 수도 있다는 점을 인정한다. 하지만 감각은 언제나 그런 것이 아니며 오히려 우리가 머리 속으로 생각하는 모든 것, 상상하는 모든 것의 기초라는 것이다. 이들에 따르면, 사고의 내용은 따지고 보면 언젠가 우리가 오감을 통해서 지각한 것들이다.

생각해 보자. 태어날 때부터 장님인 사람은 이러저러한 색깔에 대해 알지 못한다. 귀머거리는 소리가 무엇인지 모른다. 아무리 자세히 설명해도 그들은 붉은색이 어떤 색이고, 종소리는 어떤 음색인지 알지 못한다.

다음의 재미난 이야기는 그 점을 분명히 해 준다. 한 장님이 친구에게 우유가 어떤 맛인지 설명해 달라고 부탁했다.

"우유가 어떤 건지 설명 좀 해 주게."

"우유? 우유는 하얀 액체야."

"하얗다는 게 어떤 건데?"

"하얀색이라, 예를 들면 백조의 색이 하얀색이지."

"백조는 어떻게 생겼는데?"
"백조는 목이 긴데, 그 목이 구부러져 있어."
"그래? 그런데 구부러져 있다는 게 뭐야?"
"구부러진 거……잘 들어. 내가 팔을 굽힐 테니까 자네가 만져봐. 그러면 구부러졌다는 게 뭔지 알게 될 거야."
장님은 조심스럽게 앞으로 다가가 친구의 굽은 팔을 만졌다. 그리고는 드디어 알았다는 듯이 말했다.
"아, 이런 거야. 우유가 뭔지 이제야 알겠어!"

흄의 생각은 이렇다. 인간의 오성悟性은 처음에는 '백지白紙'와 같다. 시간이 흐르면서 다양한 감각적 지각을 통해 그 백지 위에 여러 가지 흔적, 여러 가지 인상이 새겨진다. 그러다가 이 인상들이 일정한 규칙성을 가지고 반복되면 그것들을 서로 비교해 보고 그것들 사이에 어떤 유의미한 관계를 상정하게 된다는 것이다.

에사오와 야곱*

'이삭'의 아내 '리브가'는 하나님의 은총을 받아 쌍둥이 형제를 낳았다. 그 가운데 몸에 털이 많고 힘이 센 선둥이에게 '에사오'라는 이름을 지어 주었고, 살결이 매끈한 후둥이를 '야곱'이라 하였다.

에사오는 아버지의 사랑을 독차지하였는데, 자라면서 얼굴이 험상궂고 말없는 청년이 되었다……. 반면에 야곱은 고운 얼굴에 항상 말끔하게 면도를 했으며 명랑하고 말하기를 좋아했다…….

하루는 에사오가 들일을 마치고 허기져 돌아와 보니 야곱이 저녁밥을 짓고 있었다. 에사오가 야곱에게 먹을 것을 좀 달라고 하였다. 그래서 세간에 잘 알려진 계약이 이루어진다. 야곱은 에사오에게, 저녁밥을 줄 테니 장자長子의 신분을 넘겨 달라고 하였던 것이다.

에사오는 예의범절이 바르지 못하고 사람들과의 교분도 없었지만 철학적 사고의 소질이 있었다. 그래서 그는 궁리하기 시작했다.

"장자의 신분이란 무엇인가. 그것은 어떤 사람이 동생들보다 먼저 태어났음을 의미한다. 물론 나의 경우는 동생보다 일 분 정도 먼저 태어났을 뿐이다. 하지만 앞선 것만은 분명하다. 게다가 그것은 과거지사다.
이제 장자의 신분을 양도한다는 것은 과거의 일을 바꾸자는 것인데, 그것은 불가능하다. 만일 누군가가 돈을 주고 과거지사를 바꾸려 한다면 그 사람은 바보임에 틀림없다. 그런데도 바로 그런 인간이 하나 있구나. 콩죽을 좀 달라고 하니 장자 상속권을 양도하라고? 좋다. 그저 누군가의 머리 속에서만 과거의 일을 바꿔 주고 무엇을 얻어낼 수 있다면, 한 대접의 콩죽을 받아 먹을 만하다. 하지만 인간 상식에 비추어 분명한 것은 '실제로 일어난 과거의 일은 사후의 어떤 거래에 의해서도 변경될 수 없다'는 엄연한 진리다."

한편 야곱 역시 철학자였는데, 그는 이 사태를 다르게 보았다.

"과거지사란 무엇인가. 과거란, 말 그대로 이미 지나가 버렸다는 것, 전에는 존재했으나 이제는 더 이상 존재하지 않는다는 것을 의미한다. 그런데 과거는 나의 기억, 혹은 다른 사람의 기억 속에만 존재한다. '과거란 그에 대한 생각이나 기억과는 무관하게 객관적으로 존재한다'고 말하는 것은 아무 의미 없는 주장이다. 과거란 의식과 상관적이고, 의식 밖에서는 존재하지 않는다. 따라서 우리는 과거를 교정할 수 있다. 그리고 그렇게 하기 위해서는 과거에 대한 우리의 의식을 바꾸기만 하면 된다. 다시 말하자면, 나를 비롯한 몇몇 사람이 바로 내가 장자라고 믿게만 된다면 과거가 바뀌어서 내가 실제로 첫째 아들, 먼저 난 아들이 되는 것이다. 이것은 그저 명의가 바뀜을 의미하는 것이 아니다. 사물의 본질이 변함을 의미한다. 말 그대로의 사물의 '본질', 변하지 않는 본질이란 본래 없다. 있다면 내가 사물의 본질이라고 생각하는 것이 가져오는 결과들뿐이다……. 결국 나는 이름을 사는 것이 아니라 장자가 '될 것이다.' 그것도 합당한 값을 치르고 말이다."

* 이 이야기는 폴란드의 철학자 콜라코프스키 Leszek Kolakowski가 『구약 성서』의 한 사건을 토대로 지어 낸 것으로, 그의 책 『천국의 열쇠 Himmelsschlüssel』의 한 대목이다. 한편 『구약 성서』에서는 결국 야곱의 철학이 성공을 거두는 것으로 끝난다. 야곱은 배고픈 형 에사오에게 죽 한 그릇을 미끼로 하여 장자 상속권을 넘겨 받는다. 그 뒤에 교묘한 술책을 써서 형을 대신해 아버지 이삭의 축복을 받고, 하나님으로부터 '이스라엘'이라는 칭호까지 받아 결국에는 유대 민족의 위대한 지도자가 된다.

그래도 언제나 해는 다시 뜰까

문 옆의 스위치를 올리면 불이 들어온다. 우리는 이 사실을 수도 없이 확인했다. 그러면 그 둘 사이에는 뭔가 연관이 있다. 이럴 때 보통은 스위치를 켜는 것이 원인이 되어서 전구에 불이 들어왔다(결과)고 생각한다.

그러나 정말 전자가 원인이 되어 후자가 야기되었는지 알 수 없다. 다만 그러려니 하고 추측할 뿐이다. 또 이 관찰로부터 영원히 통용될 어떤 법칙을 끌어낼 수는 더더욱 없다. 왜냐하면 지금까지 해가 동쪽에서 떴다고 해서 앞으로도 계속 그럴 것이라는 보장은 없기 때문이다. 그것은 앞으로 지켜봐야 알 일이다.

우리는 사물을 보고, 느끼고, 맛보고, 냄새 맡고, 만져 보며 또 그 소리를 듣는다. 그런데 과연 그 사물이 보고 듣는 행위와 무관하게, 즉 시각적·청각적 인상印象과 무관하게 그 자체로서도 존재하는지는 알 수 없는 노릇이다. 어쩌면 사물은 우리가 그것들을 지각하는 순간 비로소 존재하는 것인지도 모른다. 이게 대관절 무슨 말인가? '눈을 감으면 세상이 없어진다'는 말인가?

그림을 복사한 뒤에 왼쪽 얼굴의 배경 전체를 짙은 붉은색으로 칠한다. 준비가 되었으면, 먼저 붉은색 배경의 왼쪽 여자 얼굴을 30초 동안 본다. 그런 다음에 얼른 오른쪽 여자 얼굴을 보라. 어떤 현상이 일어나는가?

데카르트와는 달리 흄이 생각하기에는, 인간이 진리를 탐구할 때 그 손을 잡아 도와 주는 전지전능한 신은 존재하지 않는다. 아니, 신이 존재하는지 안 하는지도 인간은 증명할 수 없다.

설득력 있는 얘기다. 그런데 문제는 흄이 여기에서 더 나아가 모든 자연과학이 그 출발부터 잘못되었다며 자연과학에게 사형 선고를 내렸다는 점이다.

정말 그렇게 봐야 할까? 흄의 말대로, 법칙의 근거와 정당성은 관찰로부터 구할 수 없는 것인가. 그렇다면, 즉 어떤 명제를 보편적이고 필연적인 것이라고 주장할 근거와 정당성을 관찰로부터 얻어낼 수 없다면, 많은 자연과학자가 조사와 연구를 하고 실험을 하는 이유는 무엇이란 말인가?

모든 자연과학이 추구하고 있고 또 해야 하는 일이 바로 그 근거와 정당성을 관찰과 실험을 통해 확보하는 일이 아닐까? 흄과 같은 시대에 살았던 영국의 물리학자 뉴턴Isaac

Newton(1643~1727)은 오히려 자연과학을 옹호하면서 다음과 같이 말하였다.

"현상에서 도출되지 않은 것은 모두……가설*인데, 실험 물리학은……이런 가설을 받아들여서는 안 된다. 실험 물리학은 우선 현상으로부터 여러 가지 명제를 도출하고, 그것을 귀납적으로 일반화하는 학문이다."**

* 여기서 '가설'이란 다른 말로 바꾸면 하나의 '추측'이다.
** 보통 '귀납induction'이란 개별적인 사례로부터 어떤 일반적인 진리 또는 법칙적인 진리를 이끌어 내는 것을 말한다.

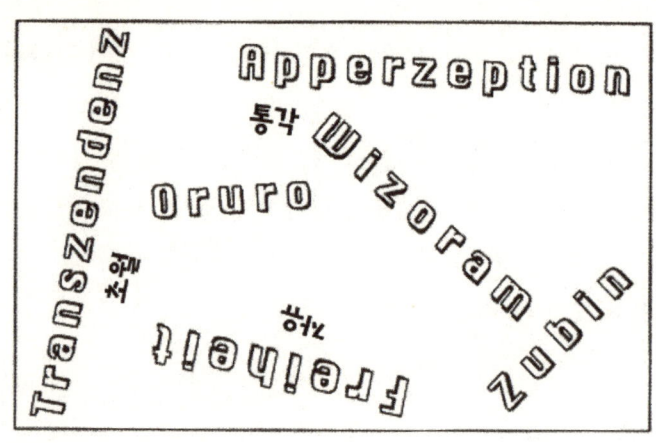

내용 없는 생각은 공허하고,
개념 없는 직관은 맹목이다

만약 '숨은 그림 찾기—낚시꾼'이라는 설명이 없다면, 당신은 이 그림 속에 사람의 형상이 있다는 생각이나 할 수 있겠느냐?

나는 나다!?

과학과 철학의 입장에서는 다행한 일이지만, 과학과 철학의 무덤을 파던 흄은 사고상의 오류를 범한다. 주관적 관념론자이자 불가지론자이던 그는 "언젠가 감각에 없었던 것은 오성悟性에도 없다"고 옳은 이야기를 했지만, 여기서 '오성'이 무엇인지는 제대로 밝히지 못한 것이다.

감각적 인상impression들은 모아 담으려면 '그릇'이 필요하다. 그것도 인상으로 다시 환원되지 않는 그릇 말이다. 물로 만든 컵은 물을 담을 수 없다.

그 그릇은 바로 의식이다. 물론 이 그릇은 최초의 지각이 있기 전에는 텅 비어 있는지도 모른다. 하지만 의식은 분명히 그 자체로서 존재하며 일정한 형식과 형태를 가지고 있다.

그렇다면 이 의식은 과연 어떤 모습일까? 독일의 철학자 칸트Immanuel Kant(1724~1804)는 뛰어난 통찰력과 엄정한 사고력을 동원하여 이 문제를 집중적으로 탐구했다.

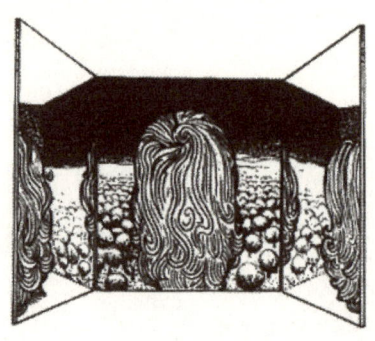

　칸트도 본래는 이성적 사색만 중시하고 경험을 무시하는 형이상학자였다. 그러다가 어느 날 확실한 지식의 가능성을 비판적으로 탐구한 흄의 책을 읽고 나서 그동안 깊이 빠져 있던 '이성의 잠'에서 깨어날 수 있었다. 하지만 칸트는 '이성'을 버리지 않았다. 그는 오히려 이성을 토대로 하여 경험 과학을 구하고자 하였다.

　칸트의 문제 의식은 다음과 같다. "과학의 관심사는 현실을 보편적이고 필연적인 관점에서 설명해 주는 법칙을 찾는 일이다. 그런데 우리의 감각은 그런 법칙을 제공하지 않는다. 그렇다면 남는 것은 오성인데, 바로 이 오성이 지식의 보편 타당성을 확보해 주지 않는다면 어찌 되는가?" 칸트는 결국 인간 오성이 바로 그 일을, 그것도 신의 도움 없이 한다는 결론에 이른다.

　인간의 의식에 대해 생각해 보자. 의식의 안과 밖에 있는 모든 것은 끊임없이 변화한다. 하지만 의식 자체는 이 모든 변화에도 불구하고 항상 동일하다. 우리는 태어나서부터 죽을 때까지 자기 자신을 단 하나의 '나'로 생각하고 또 그렇게 말한다. 우리가 누구인지 확인해 주는 문서인 주민 등록증이나 신분 증명서 같은 것은 바로 그 변하지 않는 '나'를 사진과 글로 표시한 것이다. 그래서 우리는 아무리 많이 모습이 변했고 또 변한다 할지라도 언제나 '동일한' 하나의 생명체다.

그렇다면 이 '나'라는 것은 과연 무엇인가? 칸트에 따르면, 그것은 경험의 산물이 아니다. 왜냐하면 '나'는 경험적으로 지각되지 않기 때문이다. 거울을 놓고 뚫어지게 바라보아도 헛일이다. 거울 속에 보이는 나는 그 나를 보는 나가 아니다.

한 마리의 곤충에게 지각知覺되는 네 사람의 모습은 이토록 다르다.

우리 몸을 움직여 가며 천천히 다시 생각해 보자. 거울이나 사진까지도 필요 없다. 그냥 고개를 숙이면 우리 자신을 잘 볼 수 있다. 확대경을 사용하면 더 세밀하게 관찰할 수 있다. 하지만 이때 보인다고 생각되는 나는, "내가 보인다"라거나 "저기 거울 속의 모습이 바로 나야"라고 말하면서 무의식중에 떠올리는 상상 속의 나일 뿐이다.

여기서 '나'(다른 말로, '자아')라든지 자기 의식은 꼭 우리의 눈과 같은 처지에 있다. 우리는 눈이 있어야 사물을 보지만 그 눈 자체는 볼 수 없다. 이 눈은 우리가 최초로 무엇을 보기 전부터 있었던 게 틀림없다. 마찬가지로 자기 의식은 흄이 주장했던 것처럼 경험의 산물이 아니다. 오히려 자기 의식은 경험의 전제요, 경험되지 않는 보편적 전제이다.

물론 눈이든 '나'든 그 눈에 보이거나 생각하게끔 자극을 주는 사물이 없으면 마치 백지와 같고, 아무런 상이 비추이지 않는 거울과 같다. 또 종이나 거울은 그 위에 씌어지는 것, 그 위에 어떤 상이 만들어지는 데 있어서 매우 중요한 역할을 한다.

예를 들어 종이와 거울의 크기가 얼마나 큰가, 모양은 어떻게 생겼나, 표면은 고른가 등에 따라 상의 모습이 달라지기 때문이다. 작은 종이보다 큰 종이에 많은 내용의 글을 쓸 수 있고, 타원형 거울은 구형의 거울과는 다른 상을 만들며, 표면이 고른 거울과 울퉁불퉁한 거울에 비추이는 모습은 크게 다르다.

이러한 사실들은, 인식 주관인 '나'와 관련지어 볼 때 다음과 같은 의미를 가진다. 인간은 세계를 시간·공간적으로 체험하거나 그것을 오성적으로 정돈하는 데 있어서, 그 대상이 무엇이든지 나름의 어떤 공통적인 방식, 비교 가능한 방식을 가지고 있다. 또 그럼으로써 우리 모두가 공통적으로 받아들이는 과학적 진술의 타당성도 충분히 인정할 수 있다.

우리가 지각한 것을 이런 공통된 인식적 기초에 힘입어 서로에게 이해시키고 또 설득해 낼 수 있다는 사실은 결국 이 모든 것이 단순한 꿈이 아니라 실제 현실이라는 강력한 증거가 아닐까?

물론 전혀 다른 인식 거울을 가진 존재, 예를 들어 5차원, 아니 42차원을 아는 존재가 있을지도 모른다. 그러면 그에게는 이 세상이 전혀 다르게 보일 것이다. 그러나 그런 생각들은 인간 지식의 한계를 넘어선 것이다. 이런 이야기를 하는 사람들에게 하는 말이 있다.

"말로 이야기할 수 없는 것에 대해서는 침묵하라."

당신의 눈을 위하여─책 소개

러셀 Bertrand Russell, 『철학의 여러 문제 Problems of Philosophy』 (서광사). 거창한 제목을 달고 있지만, 그다지 두껍지 않은 책이다. 재미있고 쉽게 쓰인 이 책은 주로 인식의 문제를 다루고 있다. 러셀은 수학자이면서 철학자로서, 세계 평화에 기여한 공로로 노벨상을 받았다.

포퍼 Karl Popper, 『객관적 지식 Objective Knowledge』. 저자는 20세기의 가장 위대한 철학자 가운데 한 사람이다. 이 책은 인식과 진리의 문제를 다루고 있는데, 특히 '과학자들이 부딪치는 인식상의 여러 가지 문제와 그 극복 방안'을 간명한 명제 형식으로 밝히고 있다.

바츨라빅 Paul Watzlawick, 『현실은 얼마나 현실적인가 Wie wirklich ist die Wirklichkeit?』. 오스트리아 출신의 철학자이자 심리학자, 언어학자인 바츨라빅은 250쪽 정도의 이 문고본에서 '보는 사람에 따라 현실이 얼마나 다르게 나타날 수 있는가'를 여러 가지 예를 통해 잘 보여 주고 있다.

에버트 Edwin A. Abbott, 『평면의 나라 Flachenland』(늘봄). 영국인인 저자가 1884년에 내놓은 소설. 평면의 나라 사람들과 공간의 나라 사람들 사이의 운명적 만남을 다루고 있는데, 참된 인식의 가능성 문제와 관련하여 많은 것을 시사해 준다.

슐테 Gunter Schulte, 『우라니아의 눈 Das Auge der Urania』. 일종의 인식론 입문서. 천문학의 여신에게 바친 이 책은 매혹적인 그림들을 곁들여 가며 주로 칸트의 인식론을 소개하고 있다.

마투라나 Humberto Maturana/**바렐라** Francisco Varela, 『인식의 나무 Der Baum der Erkenntnis』. 신경 생리학자인 두 저자가 인간의 지각이 확대됨과 함께 세계에 대한 상이 어떻게 변화하는가를 일상적인 사례를 들어가면서 단계적으로 밝힌 책이다.

2 도덕 철학의 길잡이

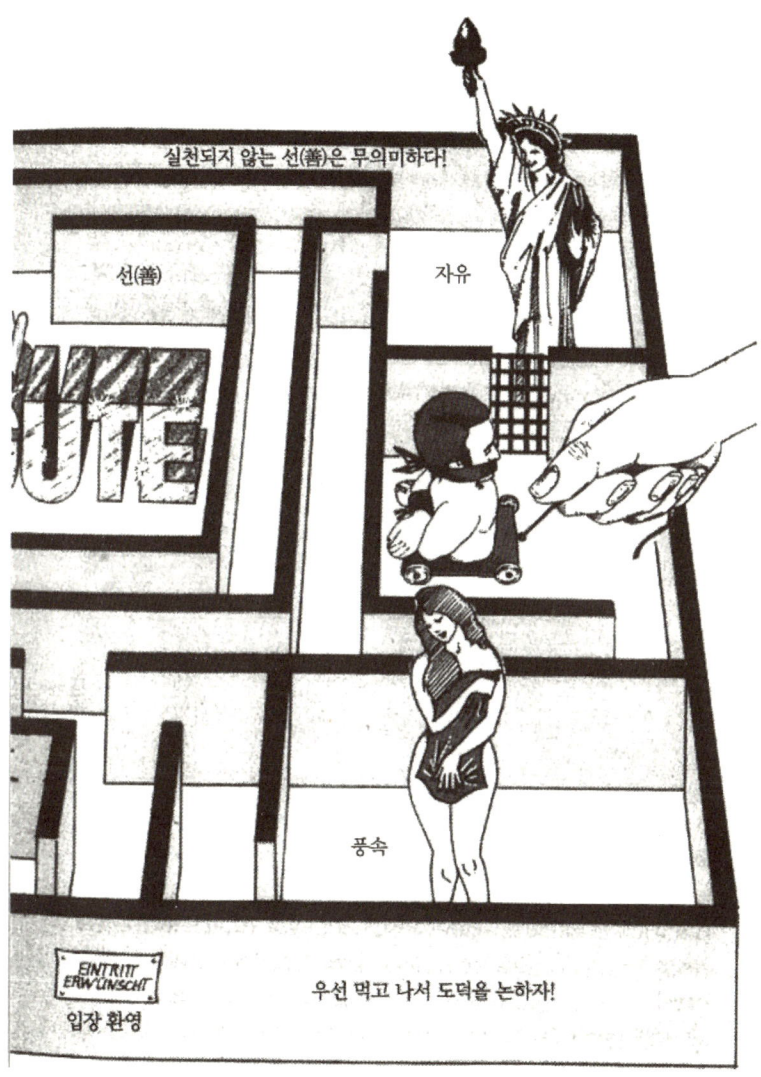

어느 추운 날이었다. 한 무리의 고슴도치가 서로의 체온으로 몸을 데워 얼어 죽지 않으려고 한 덩어리로 뭉쳤다. 그런데 서로 몸을 맞대자마자 예리한 가시에 찔리고 말았다. 그래서 그들은 떨어졌다. 좀 지나자 이들은 다시 몸을 데울 필요를 느꼈다. 할 수 없이 다시 한 덩어리로 뭉쳤지만 또 가시에 찔리는 고통을 맛보았다. 한 마디로, 고슴도치들은 두 고통 사이를 왕래하는 수난을 반복했다. 이들은 마지막에 어떻게 되었을까. 고슴도치들은 결국 서로 적당히 거리를 두는 법을 터득했다. 요컨대 추위도 막고 가시에 찔리는 것도 막는 최적의 거리 말이다. 그리고는 이 적당한 거리를 일컬어 '예의'라고 하였다.(쇼펜하우어)

어떤 행동이 도덕적으로 선한 행동인가

아래에 여러 가지 물음이 있다. 도덕 철학 내지 윤리학*을 다루는 이 책의 3장에 들어가기에 앞서서, 과연 어떤 행동이 도덕적인 행동인지 또 그 근거는 무엇인지 한번 생각해 보자.

각각의 물음에 대한 나름의 생각과 의문점을 잘 정리해 보자. 그러면 이 책을 다 읽고 나서 무언가 작으나마 얻은 것이 있는가를 확인하는 데 유용하게 쓰일 것이다. 이 책을 다 읽은 뒤에는 지금 내린 답에 대해 다시 생각하게 될 것이다. 또 지금 내린 답을 정정하게 될지도 모른다.

1. 국법을 어기지 않는 것(예, 아니오)
2. 부모님 말씀에 순종하는 것(예, 아니오)
3. 국법을 따르는 것(예, 아니오)
4. 날마다 이를 닦는 것(예, 아니오)
5. 유용한 행동을 하는 것(예, 아니오)
6. 자선 행위를 하는 것(예, 아니오))
7. 신의 뜻대로 행동하는 것(예, 아니오)

8. 항상 진리만 말하는 것(예, 아니오)

9. 이웃에게 해를 끼치지 않는 것(예, 아니오)

10. 아내에게 꽃을 안겨 주는 것(예, 아니오)

11. 주어진 상황에서 최소한의 악을 행하는 것(예, 아니오)

12. 기름 찌꺼기를 수챗구멍에 버리지 않는 것(예, 아니오)

13. 좋아서 하는 행동(예, 아니오)

14. 조국을 위해 목숨 바치는 것(예, 아니오)

15. "다른 사람이 너에게 하지 않았으면 하는 행동을 너 또한 다른 사람에게 하지 말라"는 황금률을 지키는 것(예, 아니오)

* 윤리학ethics이란 도덕moral에 대한 철학적 탐구를 말한다. 따라서 윤리학과 도덕 철학은 같은 뜻으로 쓰인다. 이 책에서는 편리하게 윤리학 대신 '도덕 철학'이란 말로 통일하여 사용하였다.

악동 프리데리히

그놈의 프리데리히, 프리데리히,
못된 폭군!
집 안의 파리들을 잡아서
날개를 뜯어 내질 않나,
의자를 부수고 개들을 때려 죽이지 않나,
고양이들도 수난을 당했지.
그놈이 얼마나 나쁜 놈인가 들어 보라고,
매질을, 아 그것도 그의 그레첸에게
매질을 했단 말이야!

이리와! 이 버릇없는 놈 같으니라구!
이 신사 숙녀는 점잖은 분들이야!
부자란 말이야!
그러면 안 돼!

대부분의 유럽인은 이 구절을 읽으면 문제의 프리데리히가 누군지 알 것이다. 지금으로부터 약 150년 전, 독일의 의사 하인리히 호프만은 그의 이야기를 그림으로 표현한 『슈트루벨페터Struwwelpeter』* 라는 그림 동화책을 썼는데, 책이 출판되자마자 주인공인 프리데리히는 전 유럽의 아이들과 어른들 사이에 일약 '악동'의 전형으로 통했다.

녀석의 비행을 들어 보면 누구든 그를 비난하지 않을 수 없다. 이웃과 동물에게 잔인하게 행동하고 의자를 부수는 녀석이다. 그런 녀석은 실제 이야기 줄거리도 그랬듯이 따끔한 벌을 받아야 한다. 법률적으로 볼 때에도, 고의로 남의 재산을 파괴하거나 신체에 상해를 입히는 사람, 동물을 학대하는 사람은 재판 회부감이다.

그런데 우리가 이 이야기의 주인공 프리데리히를 '악하다'고 보는 궁극적인 이유, 그토록 비난하는 진짜 이유는 무엇일까? 그는 우리에게 아무 짓도 하지 않았고 단지 그림 동화책 속의 꾸며 낸 인물에 불과하지 않은가?

우리는 보통 이런 반문에 대하여 다음과 같이 간단하게 대답한다. 프리데리히를 평가할 때 그가 우리에게 직접 무슨 짓을 했는가 안 했는가는 중요하지 않다고. 그는 한 마디로 '비도덕적인' 짓을 했다고. 하지만 이 대답에 대해 '그의 행동이 왜 비도덕적인가' 하고 다시 묻는다면, 어떻게 답할 것인가. 이 책 제3장은 바로 이 문제를 탐구한다.

『슈트루벨페터』의 줄거리에 따르면, 하찮은 개가 '정의의 심판'을 내린다. 이 개는 프리데리히가 자신에게 했던 그대로, 또 파리와 그레첸에게 했던 그대로 그를 괴롭힌다. 아마

175

도 개의 이런 심판 행위를 비난할 사람은 없으리라. 참고로 말하면, 프리데리히는 개를 싫어했다. 추측건대, 『슈트루벨페터』를 본 대부분의 사람은 마지막에 프리데리히가 병상에 눕고 개가 그를 대신해 과자와 소시지를 먹는 장면을 보고서는 고소해 했을 것이다.

'악한' 프리데리히의 행동을 '비도덕적'이라고 한다면, 과연 '도덕적인' 행동은 어떤 행동인가? 아니, 그에 앞서서 도대체 '도덕moral'이란 무엇인가?

이 문제에 일단은 간단하게 답할 수 있다. 라틴어 어원을 가진 '모럴'이란 말은 본래 그리스어의 어원 '에토스ethos'** 와 마찬가지로 옛날부터 지켜져 내려오는 사회적 습관인 '풍속', '풍습', '예절' 등을 총괄하는 집합 명사였다. 이 어법을 그대로 따른다면, '모럴'을 이야기하는 것은 "⋯⋯해야 한다"거나 "대개는 ⋯⋯하게 행동한다", 혹은 "보통은 ⋯⋯한다"고 말하는 것과 같다. 그리고 그 내용은 바로 풍속이고 풍습이며 예절이다. 결국 우리가 특정한 행동 방식이나 마음씨를 두고 '예절이 바르다', '행동이 됐다', '도덕적이다'라고 하거나 혹은 그 반대로 평가할 때 그 기준이 되는 것은 어김없이 우리의 사회적 습관인 '풍속', '풍습' 또는 '예절'이다.

이런 논리를 프리데리히에 적용하면, 결국 그의 행위가 '악하다'는 것은 동물이나 이웃을 학대하는 행위가 '풍속'이나 '예절'에 어긋난다는 뜻이다. 또 같은 맥락에서 고양이와 새를 때려죽인다거나 파리 날개를 떼어 버리고 그레첸을 마

176

구 다른 행위 역시 비도덕적이고 악한 행위이다.

도덕이 그런 것이라면 문제는 간단해진다. 어떤 사람의 소행과 의도가 도덕적으로 선한가, 악한가를 알고자 하는 사람은 그저 그 행위와 의도를 기존의 풍속과 예절에 비교해 보기만 하면 된다. 게다가 어떤 사람이 정말 비도덕적인 행위를 한 경우라면 그 행위의 도덕성 여부를 물을 필요도 없다. 왜냐하면 그는 이미 벌을 받거나 비난을 받고 있을 게 틀림없고, 따라서 답은 이미 내려져 있기 때문이다.

하지만 조금만 더 생각해 보면, 사회적 습관에 따르는 행동이 도덕적이라는 이 논리는 여러 가지 문제에 부딪치게 된다. '표준적인' 풍속, '표준적인' 예절 같은 것은 없다. 풍속과 예절은 나라마다 다르다. 그렇다면 결국 동일한 하나의 행위가 이 지구 위의 어디에서 보느냐에 따라 어떤 경우는 '선한' 행위가 되고 어떤 경우는 '악한' 행위가 되는데, 도대체 이게 말이 되는가.

외국에 살아 보았거나 다른 민족의 문화를 조금이라도 아는 사람은 문제가 무엇인지 쉽게 알 수 있을 것이다. 예를 들어 보자. 유럽에서는 식사할 때 나이프, 포크, 스푼을 사용하는 것이 풍습이지만, 아시아에서는 젓가락을 사용하는 게 보통이다. 한국인이나 중국인이 서양 사람 집에 초대받아 식사를 하는 데 젓가락을 사용했다고 하자. 서양에서 젓가락을 사용하면 그것은 서양의 지배적인 풍습에는 위배된다. 그러나 '풍습에 위배된다'는 이유를 들어 그 한국인이나 중국인을 '비도덕적'이라고 비난할 수 있겠는가? 그럴 사람은 없다.

이 간단한 예가 의미하는 것은 무엇인가? 어떤 행위가 "선한가, 악한가?"에 대한 답은 지배적인 풍속과 예절에서 찾을 수 없다는 뜻이다. 물론 우리는 어떤 특정한 행동 방식을 풍속과 예절에 비교해서 긍정적으로 혹은 부정적으로 평가할 수는 있다. 그러나 긍정적인 평가를 받았다고 해서 그 행동이 도덕적이고, 부정적인 평가를 받았다고 해서 그 행동이 비도덕적인 것은 아니다. 결국 많은 사람이 '도덕'과 '풍속'을 동일시할지라도, 그 차이점이 밝혀진 이상 우리는 이제 그 둘을 분명하게 구별할 필요가 있다.

앞에서 풍속은 나라마다 다르고 지역마다 다르다고 했지만 문제는 그것만이 아니다. 풍속은 시대에 따라서도 변한다. 100년 전만 해도 여자가 바지를 입는 것은 생각할 수 없었고 아주 '비도덕적인' 행위였다. 하지만 오늘날은 미적인 관점에서가 아니라면 여자가 바지를 입는다고 비난할 사람은 없을 것이다.

　물론 광범위한 풍습과 관례 중에는 모든 문화에 적용되고, 또 유사 이래 변하지 않는 것들도 있다. 한 예로 "거짓말을 하지 말라"는 계명을 보자. 이 계명은 2000년 전부터 통용되기 시작하여 타당한 계명으로 간주되고 있다. 이 계명은 거짓말쟁이조차 계명으로 인정한다. 모두가 거짓말을 할 경우에 거짓말쟁이의 거짓말은 아무 의미가 없기 때문이다.

　그렇다면 '도덕적으로' 행동하고자 하는 사람이 따라야 할 것은 다름 아닌 이 보편적 풍습과 관례인가? 그렇다면 어떤 풍습과 관례가 정확히 그런 것인가. 또 왜 그 풍습을 따라야 하는가?

　3000년 전부터 '선악'의 문제에 진지하게 몰두한 일련의 사람들, 이른바 '철학자들'(또는 '지혜를 사랑하는 사람들')이 있었다. 이들은 대단히 용기 있는 사람들이었다. 서양 도덕 철학의 아버지로 불리는 소크라테스는 사람들의 모함을 받아 사형을 당했다. 이들은 선하다는 것이 과연 무엇인지, '도덕적' 행위의 의미가 무엇인지를 탐구하였다.

　철학자들은 끊임없이 물음을 제기한다. 그것도 아주 근본적인 물음을. 철학자가 프리데리히의 비행을 목격했다면 아마도 다음과 같이 의문을 제기했을 것이다. 프리데리히의 행동을 '이해'할 수는 없을까. 그의 행동은 정당한 행동이 아니었을까. 프리데리히는 그렇게 행동하는 길 이외의 다른 방도가 없었을지도 모른다. 혹시 그는 주변 사물과 이웃에게 잔인하게 행동하게끔 교육받았는지도 모른다. 그레첸과 개, 그리고 고양이가 너무 괴롭혀서 그도 어쩔 수 없이 매를 들었을 수도 있는데, 이런 경우에도 그를 악하다고 할 수 있을까.

아니, 도대체 무슨 이유 때문에 '하고 싶은 일'을 해서는 안 된단 말인가. 우리도 어쩌면 프리데리히처럼 행동하고 싶은데 다만 벌이 두려워서 주춤하는 것은 아닐까. 혹시 프리데리히에 비해서 우리 자신이 비겁하게 생각되기 때문에 질투심에서 그를 비난하는 것은 아닐까.

물론 이 많은 의문이 해명된다고 해도 우리의 기본적인 물음인 '도덕이란 무엇인가'의 문제는 해결되지 않고 그대로 남을 수 있다. 어쩌면 더 복잡해질지도 모른다. 하지만 그런 의문을 끊임없이 제기하지 않고는 우리의 근본적인 물음에 접근할 방법이 없다. 우리는 도덕 철학자의 이런 물음들이 인간 행위의 도덕적 평가와 관련하여 어떤 의미를 갖는지를 생각해 보아야 한다. 그런데 도덕의 문제는 언뜻 주는 인상처럼 한없이 복잡하기만 한 것도 아니다. 18세기의 위대한 도덕 철학자 칸트에 따르면, 도덕은 가르칠 성질의 것이 아니다. 도덕은 본래 인간의 심성에 내재해 있기 때문에 단지 깨우치기만 하면 된다.

* 호프만의 동화책 제목인 '슈트루벨페터'는 우리 말로 '산발머리 아이'라는 뜻이다. 실제로 이 책 표지에 그려진 아이를 보면 빗질을 거의 하지 않은 산발머리다. 또 그 아이는 거의 일 년이 되도록 깎지 않은 긴 손톱을 갖고 있다. (옮긴이)
** 윤리학, 곧 'ethics'는 이 단어에서 비롯되었다.

도덕 철학의 세 가지 규칙

소크라테스(기원전 469~399)

도덕 철학의 아버지인 고대 그리스의 소크라테스는 기원전 399년에 아테네 시민들의 심판에 따라 독배를 마시고 죽었다. 그는 죽음을 앞에 두고 도덕 철학자들이 지켜야 할 세 가지 규칙을 이야기하였는데, 이 규칙은 도덕 문제를 생각하는 오늘날의 사람들도 반드시 음미해 보아야 할 깊은 뜻을 담고 있다.

1. '선악'의 문제는 '감정'이 아닌 '논증'으로 탐구해야 한다.

2. 도덕 문제에 대한 답은 '다른 사람들'의 생각에 의지해서 찾을 수 없고, 또 그래서도 안 된다. 다른 사람의 생각이

란 얼마든지 잘못되었을 수 있다.

3. 도덕 철학자들은 도덕적으로 옳은 것은 무엇이고 그른 것은 무엇인가에만 관심을 가져야 하며, 어떤 행동을 하였을 때 나에게 무슨 일이 벌어질까에 대해 관심을 가져서는 안 된다.

나에게는 좋지만
다른 사람에게 해가 되는 행동

모든 행동은 그 동기가 있다. 내가 이렇게 혹은 저렇게 행동할 때는 반드시 이유가 있으며, 그것은 내 행위가 나에게 혹은 다른 사람에게 초래할 '결과'와 관련되어 있다. 물론 이 결과는 좋을 수도 있고 나쁠 수도 있다.

어떤 행위가 도덕적으로 선한가, 아닌가를 평가하기 위해서는, 첫째 그 행위가 나와 다른 사람에게 어떤 결과를 초래할 것인지 분명히 알아야 하고, 둘째 그 결과들 가운데 결국 어느 것이 행위의 동기인지를 찾아내야 한다. 다음 도식의 힘을 빌어 인간 행위의 다양한 동기를 밝혀 보자.

소문자 g와 s는 각각 '자신에게 좋다', '자신에게 나쁘다'를 의미하는 부호이고 대문자 G와 S는 각각 '다른 사람에게 좋다', '다른 사람에게 나쁘다'를 의미하는 부호이다. 두 부호 사이의 화살 표시는 '전자를 하는 이유는 후자를 얻기 위함'이라는 의미이다. 그러면 다음과 같은 여덟 가지 경우가 생긴다.*

1. g→G: 좋아서 하는 행동
예: 노래 부르기를 좋아하는 여가수가 노인들을 기쁘게 하기 위해 크리스마스 이브에 양로원에 가서 노래를 불러 준다.

2. s→G: 이타적 행동
예: 이 가수의 여자 친구가 자기는 설거지를 좋아하지도 않고 잘 하지도 못하지만, 양로원의 직원들이 마음 놓고 즐기도록 대신 설거지를 해 주겠다고 흔쾌히 말한다.

3. g→S: 심술궂은 행동
예: 여가수가 늦은 밤에 창문을 열고, 잔소리 많은 이웃을 약올리기 위해 자신이 애창하는 아리아를 불러댄다.

4. s→S: 화풀이 행동

예: 그 불평 많은 이웃이 이 여가수에 앙갚음하기 위해 잠자리에서 일어나 잠옷을 입은 채로 썰렁한 차고에 들어가 잔디 깎는 기계를 작동한다.

5. G→g: 자기 본위의 행동

예: 여가수가 음악회를 열어 청중을 황홀하게 한다. 하지만 그런 행동을 하는 동기는 노래 부르는 즐거움과 그녀에게 주어지는 보수 때문이다.

6. S→g: 이기적 행동

예: 매니저가 호화판 휴가를 보내기 위해 여가수의 돈을 가로채 유럽으로 달아난다.

로리오 Loriot

7. G→s: 자학적 행동
예: 여가수의 옛날 애인이 그녀와 그녀의 새 애인을 만찬에 초대해 놓고 그녀가 행복해 하는 모습을 보면서 고통스러워한다.

8. S→s: 자기 파괴적 행동
예: 여가수의 매니저가 자신이 곧 잡혀 감옥에 갈 것을 알면서도 계속 돈을 훔친다.

이상의 경우가 인간 행동의 모든 가능한 경우를 포괄하는지는 일단 논외로 하자. 다만 한 가지 물음을 제기해 보자. 과연 예2에서처럼 '정말' 이타적인 동기에서 행동하는 사람, 또 예7에서처럼 자신을 학대하기 위해 행동하는 사람이 있을까. 확신에 찬 에고이스트들은 말도 안 된다고 펄쩍 뛸 것이다. 그들은 인간의 행동은 그 드러나는 모습이 어떻든 상관없이 '모두' 자기 중심적이고 이기적인 동기에서 이루어진다고 주장한다.

---

* 주변 사람들과 이 가운데 어느 것이 도덕적으로 선한 행동이고 어느 것이 악한 행동인지에 대해 토론해 보라. 또 화살 표시가 적절하지 않은 것이 있다면 그것은 어떤 것인지에 대해서도 이야기해 보라.

지켜야 하는 것은 다 도덕인가

우리는 지금까지의 논의에서 '도덕'과 '풍습'(풍속, 습관, 관례 등)은 본래 같은 의미였지만, 본질적으로는 서로 다르다는 것을 암시하였다. 이제는 더 분명하게 풍습의 대부분은 오늘날 우리가 말하는 '도덕'과 아무 관계가 없음을 밝힐 차례다.

세상에 존재하는 풍습은 수없이 많지만 크게 보면 다음과 같은 두 가지 종류로 나눌 수 있다.

1. 오래된 좋은 풍습

한 종류는 다른 사람과는 직접 관계가 없는 것들이다. 크리스마스에는 전나무를 세워 장식을 하고 부활절이면 달걀에 알록달록한 색을 칠한다든가, 결혼반지는 오른손이나 왼손의 정해진 손가락에 끼고, 사내아이에게는 파란 옷을, 계집아이에게는 분홍색 옷을 입히는 것 등이 그 예이다.

나라와 민족에 따라, 또 시대에 따라 이런 종류의 독특한 풍습이 있다. 이런 풍습들은 특정한 행동 방식이 시간이 흐르면서 수없이 반복됨으로써 형성된 것들인데, 그렇게 된 가장 중요한 이유는 다른 행동이 아니라 바로 그 행동이 가장 '실제적인' 행동이었고, 가장 '보기 좋은' 행동이었으며, 가장 '현명한' 처사였기 때문이다. 이 풍습들 가운데는 몇 세기가 지나도 변하지 않는 것이 있지만, 대부분은 세월이 흐르면서 같이 변하고, 또 어떤 것은 아예 없어지기도 한다.

그런데 이런 종류의 풍습은 지켜도 그만, 안 지켜도 그만이다. 다시 말해서, 그걸 지켰다고 '선한' 사람은 아니며, 어겼다고 '악한' 사람은 아니다. 이런 풍습을 지키는 사람은 '단지' 좋은 생활 양식이나 좋은 취미를 가진 사람, 전통을 따르는 사람일 뿐이다.

물론 이런 풍속도 어기면 비난받거나 벌을 받을 수 있다. 하지만 도덕과는 무관한 일이다. 그것들은 도덕적으로 선한 행동, 도덕적으로 선한 삶과는 아무런 의미 연관이 없다.

2. 예절

다른 하나는 다른 사람과의 관계를 규제하는 풍습들이다. 예를 들면 인사할 때 악수하는 행동, 어른에게 존대하는 행동, 행인은 좌측 통행, 차량은 우측 통행의 규칙, 다른 사람 비방을 삼가는 행동, 그밖에 자기 아이는 자기가 잘 돌봐야 하며, 남의 물건을 훔쳐서는 안 되며, 시간은 잘 지켜야 하며, 다른 사람의 말을 방해해서는 안 된다는 것 등등이 여기에 속한다.

게라르트 호프눙 Gerard Hoffnung

이 행동 규칙들은 모두 다른 사람과의 공존을 위한 것들이다. 이 가운데는 사회 생활에 꼭 필요한 것도 있고, 어쩔 수 없는 경우에는 지키지 않아도 되는 것도 있고, 보통 '예절'이라고 불리는 행동 규칙도 있다. 이 '예절'은 첫 번째 종류의 풍습과 함께 대인 관계를 '편안하고 근사하게' 만들어 주는 역할을 한다. 누군가 예절을 잘 지켜 행동하면 으레 '고상하다'든지 '우아하다' 또는 '교양 있고 점잖다'는 칭찬을 받게 마련이다. 또 어떤 한 집단의 사람이 예절을 잘 지키면 그 속의 개개인은 집단 귀속감과 함께 마치 자기 집에 있는 듯한 편안함마저 느낄 수 있다.

그러나 예절을 잘 지키는가의 문제와 그 사람이 도덕적인가의 문제, 즉 그가 '선인'인가 '악인'인가는 아무 관련이 없다. 예를 들어 누가 '레이디 퍼스트'라는 기사도를 지키지 않았다고 가정해 보자. 우리는 그를 '불손하다'고 생각할 수는 있다. 그러나 그런 행동을 두고 '비도덕적'이라고 비난하지는 않는다.

그런데 사람 사이의 행동을 규제하는 규칙 가운데는 단순한 예절 이상의 것들도 있다. 어떤 행동 규칙이 그런 것일까? 어떤 규칙을 어겼더니 사람들이 바로 그 이유 때문에 비난을 하는 경우가 있다. 이런 경우의 규칙이 그런 것이다. 다시 말해서, 어기면 반드시 비난을 받는 행동 규칙이라면 그것은 단순한 예절 이상의 규칙이다. 그리고 이런 규칙은 도덕적 행위 규범과 밀접한 관계를 맺는 게 보통이다.

결국 풍습, 관습, 예절, 관례 등의 형태로 인간 행동을 규제하는 행동 규칙들은 이 기준으로 구분해 볼 때 다음 둘 중의 하나다. 사람이나 사물과 교제하는 특정 방식으로서, 그 방식을 준수하면 '보통 그렇게 한다.' 혹은 '적절하다'고 일컬어지는 것이거나, 아니면 극히 소수이지만 이른바 '도덕'으로 연결되는 것이다.

범죄와 예절

당연히 지켜야 할 예절이나 신사도를 지켰을 때 칭찬을 한다면, 그것은 쓸데없는 칭찬이다.
예를 들면 건물에 들어갈 때 뒤따라오는 어린이가 다치지 않게 열린 문을 잡아 준다든가, 물건을 사려고 길게 늘어선 줄에서는 어린이를 밀치지 않고 오히려 앞에 설 수 있게 배려해 준다든가, 공부를 마치고 피곤하게 집으로 돌아가는 어린이가 버스나 전철에 앉아 있을 때 그 아이가 편히 앉아 갈 수 있도록 눈치를 주지 않는 행동 등이 그러하다…….
이런 행동들은 너무도 당연한 것들이다.
문제는 비정상적인 상황, 탈법적인 상황에서의 예절이다. 그런 상황에서의 예절이란 꼭 필요해 보이면서도 어쩐지 설명하기가 쉽지 않다. 여기서 나는 그저 비정상적이고 비인륜적인 행동이 아니라 명백히 '그 자체로서' 범죄에 해당하는 행위에 대해서 한번 생각해 보고 싶다. 은행에 침입해 강도짓을 하는 것은 무례한 범죄 행위다.
한 부인이 은행을 털었다. 그것도 그동안에는 법을 잘 지키고 행실이 단정해서 사람들로부터 존경을 받던 한 부인이

 대낮에, 정확히 말하자면 오후 3시 29분에 독일 대도시의 교외에 있는 한 은행 지점에서 7000마르크의 돈을 털었다. 그 부인은 71세의 노파다. 71세면 힘이 없고 몸도 약해서 친구들과 한가롭게 트럼프 놀이나 할 나이다. 그 노파는 중령의 미망인인데, 어느 날 은행의 한 지점에서 불법으로 돈을 강탈해 간 것이다.

그런데 이 노파는 '예절 바른 은행 강도'였다. 경찰 조서에도 그렇게 기록되었는데, 여기서 '예절 바르다'는 말은 그 위험한 노파를 특별히 주의하라는 경고였다. 그녀의 행동은 어떤 점에서 충동적이었다. 예절 바른 은행 강도라는 말이 붙게 된 것도 그 때문인 것 같은데, 그녀는 무기나 폭력을 사용하지 않았고 협박조의 고함도 지르지 않았다. 처음부터 그런 거친 방법은 생각하시도 않았던 것이다. 만일 권총이나 기관총을 들이대고 "돈 내놓지 않으면 쏜다"고 소리를 질렀다면 그것은 단순한 무례함을 넘어서서 아주 위험한 행동이었을 것이다.

그런데 우리의 이 노파는 돈이 탐나서 은행을 턴 것이 아니다. 갑자기 마음의 균형을 잃고 그저 아무 은행이나 들어간 것도 아니다. 그녀는 아주 어려운 처지에 놓여 있었는데, 나름대로 마음의 균형을 회복했을 때 은행을 털었다. 그러니 그녀는 치밀한 계획 아래 범행을 저지른 것이고 분명한 동기가 있었다고 해야 할 것이다.

점잖게 말해서, 이 '비정상적인' 행동
을 할 수 밖에 없었던 그때 사정은 무엇
인지 간단히 살펴 보자. 그녀에게는 아
들이 하나 있다. 이 아들은 일찍부터 잘못된 길에 빠져들어
중형은 아니지만 이미 여러 차례 징역을 살았고 최근에도
감옥에 갔다가 출소한 지 얼마 되지 않았다. 그러다 아들에
게 여자 친구가 생겼다. 여자 친구는 아들에게 이제는 마음
을 잡으라고 다독거렸고, 약품 대리점을 차리면 좋을 것이
라고 설득하였다. 어머니는 아들을 돕고 싶었다. 어머니는
몇 푼 되지 않는 돈이지만 갖고 있던 돈을 전부 아들에게 전
화비와 우표 값으로 쓰라고 주었다. 또 아들이 이 기회를 놓
치지 않도록 아는 사람들을 일일이 찾아다니며 도움을 청했
다. 안면이 있는 현역 장군 두 사람에게도 부탁을 했다.

그런데 이게 웬일인가. 일이 다 되어가는 마당인데 마지
막 순간에 회사에서 5000마르크의 대리점 개점 보증금을
내라는 통보가 온 것이다. 출소한 아들을 위해 작은 집까지
마련해 주고 아들이 데려온 여자 친구도 마음에 들어 모든
것이 순조롭다고 좋아했는데 갑자기 5000마르크의 보증금
이라니! 노파는 기가 막혀서 어찌할 줄을 몰랐다.

여러분도 이런 상황을 한번쯤 상상해 볼 필요가 있다. 그
녀는 이미 아들 때문에 은행 잔고를 초과하는 지출을 한 상
태였으며, 연금도 최소한의 생계비만 제외하고는 은행 빚을
갚는데 다 내놓는 상황이었다. 그렇지 않아도 그녀는 여기

193

저기서 돈을 빌려 썼다. 빌려 줄만한 사람에게는 모두 빌렸다. 트럼프 친구, 죽은 남편의 동료들. 그 가운데는 대령 두 명과 한 사람의 장군도 있었다. 한 마디로 친절한 사람이면 모두 찾아가 돈을 빌렸던 것이다. 아침을 거르기 시작한 지 이미 오래된 상황이었다. 그런데 이제 어찌해야 하는가.

그녀는 거실에 멍하니 서 있었다. 그러다 깊은 한숨과 함께 이렇게 내뱉었다. "훔치지 않는다면 도대체 어디서 그 돈을 구한담." "훔치지 않고는 길이 없다"는 말이 뼈저리게 실감났다. 그런데 한 가지 덧붙여 말하자면, 그녀는 그저 늙은 노파가 아니라 대담한 노파였다. 그녀는 수도 없이 자존심이 상했고 이래라저래라 하는 말을 들어야 했으며 여러 사람의 충고도 들었다. 사랑하는 아들을 꼬집는 험담도 웃으며 들어 넘겨야 했다.

그녀는 가구의 대부분을 처분했다. 아끼던 콜리 강아지도 팔았다. "개를 어떻게 파느냐", "개가 무슨 물건이냐"고 핀잔을 준 친구와는 다투기까지 했다. 아들이 감옥에 있을 때는 변호사를 사고 멀리까지 면회를 가느라 경비가 적잖이 들었다. 이제 그녀에게 남은 유일한 사치품은 전화였는데, 이것만은 팔지 않았다. 그래야 어느 때고 아들이 그녀에게 전화를 할 수 있으니까 말이다. 또 아들이 전화를 가지고 있을 때는 거꾸로 그녀가 전화를 하기 위해서도 전화만은 남겨 두었다. 그녀는 자기 아들을 이해할 수 있다고 생각했다. 아니, 진정으로 이해했다. 지난 4년 동안을 그렇게 보낸 그녀는 겉으로는 어떨지 몰라도 '속으로는' 주변 사회와 담을 쌓았다. 물론 겉으로는 잘 꾸미고 다녔다. 실제보다도 젊어 보였다. 그런데 이제 그의 아들이 전화로 5000마르크가 당장 필요하다고 다급함을 알려오자 그녀는 운명적으로 그 말을 되풀이하게 되었다. "훔치지 않으면 어디서 돈을 구한단 말이야." 과거에도 이런 말을 한 사람은 많았겠지만, 그들이 예상하지 못했을 정도로 그녀에게는 이 말이 절실하게 느껴졌다.

12시쯤 되었을까. 갑자기 그녀의 머리에 자기도 모르게 한 자그마한 은행 지점이 떠올랐다. 그녀는 이미 마음속으로 결심하고 있었다. '옳지, 돈을 훔치는 거야. 그 길밖에 없어.' 그 은행은 인근 교외의 한 주차장 옆에 있는 작고 아담한 지점이었다.

노파는 집을 나서기 전에 집에서 키우는 작은 새에게 먹이를 주었다. 그 귀여운 새는 가난한 그녀도 충분히 먹여 살릴 수 있을 만큼 아주 작은 새, 반 인치 정도밖에 안 되는 새였다. 도둑질이라는 말이 처음에는 낯설었지만, 그 은행 근처의 주차장까지 가는 동안에 점점 익숙해졌다. 그녀는 오후 3시 5분께 목적지에 도착했다. '도둑질이라?' 그녀는 생각했다. 빵은 어디서 훔치는가? 빵집이다. 소시지는 어디서 훔치나? 푸줏간이다. 그럼 돈은? 가게의 금고 아니면 은행인데, 벌써 3시니까 가게는 곧 문을 닫는다. 그리고 가게에서 돈을 훔치면 한 개인에게 너무나 큰 피해를 준다. 그녀는 어느 한 사람을 털고 싶지는 않았다. 게다가 어느 가게에 5000마르크의 현금이 있단 말인가. 그녀는 가게를 턴다는 것은 주제넘은 짓일 뿐만 아니라, 뻔뻔스런 일이라고 생각했다.

그녀는 은행 돈을 훔칠 전략과 전술을 생각하기 시작했다.

양심의 가책은 없었다. 그녀는 덤불 속으로 몸을 숨기고는 맞은편의 아담한 은행을 바라보았다. 그녀가 알기로, 그 은행은 오후 3시 반에 문을 닫는다. 마침 창구는 비어 있었다. 그때 그녀의 머리에 언젠가 TV에서 보았고, 또 영화에서도 보았던 기발한 장면이 떠올랐다. 그것은 무기나 장난감 총이 아니었다. 다름 아닌 스타킹을 뒤집어 쓴 얼굴 모습이었다. 그래서 스타킹을 쓸까도 생각해 보았다. 하지만 그 모습을 상상하니 너무도 혐오스러웠다. 얼굴 모습이 얼마나 보기 흉하게 찌그러질 것인가. 게다가 덤불 속에서 스타킹 한 짝을 벗는다는 것도 수치스러웠다. 누가 보기라도 하면 나중에 의심을 받고 추적당하는 실마리가 되지 않겠는가. 독자 여러분도 이미 간파했겠지만, 노파의 이런저런 생각에는 미적인 고려, 도덕적인 고려, 전술적인 고려가 한데 어우러져 있었다. 그녀의 주머니에는 언젠가 아들이 선물한 커다란 선글라스가 들어 있었다. 아들은 알이 큰 그 선글라스가 어머니에게 잘 어울린다고 생각했던 것 같다. 그녀는 선글라스를 꺼내 쓴 다음, 평소에 가지런하던 머리카락을 흔들어 흩뜨리고는 숲을 벗어나 길을 가로질러 은행으로 들어섰다.

오른쪽 창구 앞에 젊은 여자 손님이 있었다. 그녀는 통장 정리를 하다가 노파를 보고는 눈인사를 하였는데, 문 닫을 시간이 다 되어서인지 서두르고 있었다. 가운데 창구는 비어 있었다. 왼쪽 창구를 지키는 사람은 35세 가량 된 남자였는데, 하루의 결산을 하고 있었다. 그 남자는 일하던 손을 멈추고 눈을 들어 친절하게 웃으며 말했다. 언제나 똑같은 말이다.

"손님, 뭘 도와 드릴까요?"

순간 그녀는 주머니 속의 손을 불끈 쥐고는 창구의 남자에게로 다가갔다. 그녀는 작은 목소리로 속삭였다.

"아주 곤란한 상황이어서 어쩔 수 없이 여길 좀 털어야겠어요. 내 오른손에는 지금 니트로겐 캡슐이 있어요. 이게 얼마나 위험한 건지는 잘 알겠죠? 당신을 위협하는 건 유감이지만, 5000마르크가 당장 필요해요. 돈을 주세요. 그렇지 않으면……."

그런데 상황이 이상하게 돌아갔다. 위협을 받은 창구 직원이 아주 깍듯하게 대해 준 것이다. 은행 직원들은 다 친절하지 않은가. 그 직원은 조금도 두려워하는 기색 없이 할머니가 얼마나 궁하면 이럴까 하고 생각했다.

"전문적인 은행털이라면 이 노파처럼 일정 금액을 요구하지 않는다. 있는 돈을 다 내놓으라고 윽박지르는 게 보통이다."

그는 마침 500마르크짜리 지폐를 세고 있었는데, 돈 세는 것을 중단하고서 할머니에게 속삭이듯 말했다. "할머니, 이러면 제가 아주 곤란해요. 폭력적으로 나오셔야죠. 지금 제가 폭발물의 위협을 받고 있다고 누가 상상이나 하겠어요? 은행 강도질도 나름의 규칙이 있는데, 할머니는 크게 잘못하고 있어요."

그 순간 옆 창구의 젊은 여직원이 자리에서 일어나 문으로 가더니 문을 안에서 닫았다. 마감 시간이 되었던 것이다. 하지만 열쇠는 그대로 꽂혀 있었다. 노파는 몸을 움츠리기는커녕 더욱 대담해졌다. 바로 이때다 싶었기 때문이다. 그래서 다시 한 번 남자 직원에게 협박조로 속삭였다.

"나 니트로겐 캡슐을 가지고 있어요."

하지만 남자 직원의 대답은 의외였다.

"할머니, 니트로겐은 독성은 있지만 터지지는 않아요. 아마 할머니가 생각하는 것은 니트로글리세린일 거에요."

"생각이라니, 내가 지금 손에 쥐고 있다니까요." 그러는 사이에 사람들이 무슨 일인가 하고 모여들었지만 그 직원은 어리둥절해 있었고 돈은 이미 털린 다음이었다.

그러니까 그 창구 직원은 비상벨도 누르지 않고 노파와 입씨름만 하였던 것이다. 물론 할머니가 앞에 있을 때, 이마와 윗입술에 식은땀이 흐른 건 사실이다. 하지만 한편으로 할머니에 대한 이런저런 생각에 빠져 있었다.

'이 할머니가 무엇 때문에 돈이 필요할까? 혹시 술을 마시나, 아니면 돈을 탐내는 할머니인가? 노름빚이 있나, 아니

면 어떤 위험한 정부情夫의 사주를 받았나?'

한 마디로 그 직원은 너무 깊은 생각에 빠져들었던 것이다.

그 순간은 빗대어 말하자면, 오페라나 연극의 막간幕間에 음악으로 잠시 동안 사색을 유도하는 그런 순간과도 같았다. 다만 좀 지나쳤다고나 할까. 이미 노파는 창구를 넘어가 아주 능숙하게, 왼손에 잡히는 만큼의 돈을 집어 들고는 문을 통해 빠져 나갔던 것이다. 노파가 길을 가로질러 숲으로 사라졌을 때 은행 직원이 비상벨을 눌렀지만 이미 늦었다. 만일 무례한 강도였다면 이 직원은 대차게 대응했을 것이며 아마도 주먹으로 강도를 때려눕혔을 것이다. 물론 비상벨도 제때에 누르고.

이야기는 여기서 끝나지 않는다. 몇 가지 중요한 얘기만 하자면, 그 노파는 잡히지 않았고, 창구 직원 역시 쫓겨나지 않았다. 물론 한 자리 강등을 당하고 돈을 만지거나 고객을 직접 대하는 일은 금지되었지만 말이다. 노파가 은행에서 나와 정신을 차리고 보니 집어 들고 나온 돈이 5000마르크가 아니라 7000마르크였다. 그래서 그녀는 1900마르크를 은행으로 도로 부쳤다. 노련한 노파라 우편환으로 송금하는 일은 피했다. 잘못하면 신분이 탄로 날 수도 있기 때문이었다. 택시를 타고 가까운 역으로 가서는 기차로 아들에게로 갔다.

이 비용이 90마르크 들었다. 나머지 10마르크로는 기차의 식당 칸에서 커피와 꼬냑 한 잔을 마셨는데, 그녀는 족히

한 잔 할만하다고 생각했다. 노파는 아들에게 돈을 주면서 아들의 입에 손을 대고 말했다. "내가 어디서 돈을 구했는지 묻지 말거라."

그러고는 이웃집 여자에게 전화를 걸어 자기 집의 작은 새에게 먹이를 한 번 주라고 부탁했다. 말할 필요 없이 아들의 모든 일은 잘 되었다.

아들은 신문에서 '예절 바른 여자 은행 강도'의 진기한 절도 행각 기사를 보고는 사태를 짐작할 수 있었다. 어머니가 자기를 돕기 위해 범죄 행위를 했다는 걸 깨달은 것이다. 아들은 도덕적으로 깊이 감화받았다. 이것은 그 어떤 수천 마디의 충고보다도 그에게 큰 영향을 미쳤으며, 여자 친구의 따뜻한 충고보다도 훨씬 큰 힘을 발휘하였다. 아들은 신용 있는 약품업자가 되었다. 마침 경기도 좋았다. 아들은 기회 있을 때마다 "어머니가 나를 위해 그런 일까지 하시다니" 하며 고마워했다.

한 가지 남은 이야기가 있다. 노파는 오랜 숙고 끝에 한 달에 1마르크씩 돈을 갚기로 결정하였다. 이렇게 조금씩 갚는 이유도 나름대로 있었다. "은행은 기다릴 수 있어."

그 창구 직원에게는 가끔 꽃을 보냈다. 책도 보내고 어떤 때는 연극표도 보냈다. 그리고 그녀가 가지고 있는 유일한 가보인 신 고딕 양식으로 조각된 가정용 약 상자를 그 창구 직원 몫으로 유언해 두었다…….

도덕과 법

3. 도덕

인간 관계를 규제하는 방식에는 여러 가지가 있다. 그러나 그 중에서도 도덕적 계율과 규제는 특별한 위상을 갖는다. 왜냐하면 공동체의 삶은 도덕적 규제와 계율 위에서만 비로소 가능하기 때문이다.

이것을 소홀히 하면 존엄한 인간적 삶은 많은 제약과 위협 아래 놓이게 되고 때로는 그것 자체가 불가능해진다.

모든 사람은 비록 분명하게 의식하지는 못하더라도 도덕의 가르침을 '이미 알고 있다.' 이 점에서 도덕은 관습, 풍속, 관례 따위와는 다르다. 우리가 양심의 가책을 받는 것은 도덕의 명령 때문이다. 다시 말해서, 도덕의 가르침이 각자에게 양심의 부름으로서 나타나는 것이다. 가장 중요한 도덕 법칙들은 『구약 성서』의 10계명에 잘 예시되어 있다. 그 가운데 "거짓말을 하지 말라"는 여섯 번째 계율을 아무도 지키지 않는다고 가정해 보자. 어떤 일이 벌어지겠는가? 다들 서로를 의심하고 불신하는 분위기가 팽배할 것이다. 그러다 보면 결국은 나 자신의 삶도 위태로워진다.

그런데 10계명의 내용을 잘 안다고 해도 도덕에 관한 우리의 근본적인 물음은 그대로 남는다. 근본적인 물음이란 도덕의 내용이라기보다는 도덕 규범이나 도덕 법칙의 보편적 특징, 그리고 우리의 도덕적 평가의 기준은 무엇인가 하는 물음이다.

이 문제에 앞서서 잠시 도덕과 종종 혼동되는 또 다른 종류의 규범, 요컨대 법적 규범에 대해 살펴 보자.

4. 법

가장 기본적이고도 중요한 도덕적 계율들은 법률로 확립되어 있다. 모든 구성원의 선의에만 의존하여 원만한 공동체를 꾸린다는 것은 그 구성원들이 모두 천사일 때만 가능하다. 그러나 현실의 인간은 약하고 죄가 많기 때문에 가장 중요한 인간 관계의 규율을 반드시 법이란 이름으로 '명문화'하고 체계화해 두어야 한다. 이 일은 과거에도, 오늘날에도 반드시 필요한 일이다. 법률은 법을 어길 경우에 받게 될 '처벌'의 종류와 수준까지 명문화하고 있다.

5. 도덕과 법

그러나 도덕에는 법과 달리 명문화 절차가 없다. 또한 도덕에는 법에서처럼 효력 발생 시점이라든가 효력 변경 시점과 같은 것도 없고, 그것을 발포하고 폐지하는 어떤 사람(독재자)이나 기구(의회나 정당)도 없다. 다른 사람을 속이는 것은 언제부터 비도덕적이게 되었고, 이전에는 그렇지 않았다는 말은 있을 수 없다.

처벌의 문제에서도 도덕과 법은 다르다. 비도덕적으로 행동하였더라도 법을 어기지만 않으면 그 사람은 기껏해야 다른 사람의 비난을 받거나 기피 인물이 되는 정도이지 공적인 처벌은 받지 않는다. 물론 과거에는 교육의 수단으로 체형이 인정되었다. 하지만 오늘날에는 그것조차 도덕적인 이유에서 폐지되었다.

또 도덕의 계율은 아무도 그 계율을 지키지 않는다 하더라도 타당성을 잃지 않는다. 이 점은 "이웃을 사랑해야 한다"는 도덕적 계율을 생각해 보면 쉽게 드러난다.

그런데 이런저런 차이들 가운데 도덕과 법을 가르는 가장 중요한 차이 가운데 하나는 도덕의 계율과 금지는 인간의 외적 형태에만 관계하는 것이 아니라 내면의 태도에까지 관계한다는 점이다. 이 점은 비록 명시하지는 않았더라도 앞에서 본 "악동 프리데리히" 이야기에 이미 나타나 있다. 프리데리히를 '악하다'고 한 이유도 마찬가지지만, 우리가 어떤 사람을 도덕적으로 '선하고' 혹은 '악하다'고 할 때는 그 사람의 몇 가지 행동을 두고 하는 평가이기도 하지만 동시에 그의 성품을 두고 하는 말이기도 하다.

물론 비도덕적으로 행동하는 사람은 모두 '본래부터 악한 인간'이라는 것은 아니다. 본래부터 선한 사람도 경우에 따라서는 비도덕적으로 행동할 수 있고, 지독하게 악한 사람도 때로는 선한 일을 할 수 있다. 행동은 비도덕적이었지만 본래 마음속 의도는 도덕적으로 선한 경우도 있다. 가난한 사람을 돕기 위해 부자의 재산을 강탈했다는 로빈 훗Robin Hood 이야기나 쉴러Schiller가 쓴 『군도群盜』의 주인공 칼 모르Karl Moor의 행동이 바로 그 예다. 물론 도덕적으로 선한 목적을 가졌다고 해서 비도덕적 수단까지도 정당화되느냐 하는 문제가 남지만, 이는 이 맥락에서 논할 문제가 아니다.

베히터 F. K. Waechter

* 이 법이 읽기 어렵다면, 그것은 밑받침이 나빠서 그런 것이고…….

사람들은 자기에게 이득이 될 것이라고 기대하기 때문에 법을 따르곤 한다. 하지만 순수 법적인 관점에서 본다면, 이런 의혹은 아무런 문제도 안 된다. 자기 부인과 아이들을 마구 대하는 못된 사람, 그래서 가족의 분위기를 지옥처럼 만드는 사람은 도덕적으로 비난받아 마땅하다. 하지만 법은 그런 사람에게 아무런 재재도 가하지 않는다.

  지금까지 지적한 것처럼 인간 관계에 대해서 관습, 도덕, 법이 갖는 의미는 각각 다르다. 또 각각의 행동 규칙을 어겼을 때 받는 비난이나 처벌의 방식도 다르다. 하지만 이들 사이에는 일정한 공통점도 있다, 이들은 모두 '해야 할 일과 해서는 안 되는 일'을 명령이나 권고의 형태로 개인에게 부과한다.

  명령이나 권고는 두 종류다. 대부분의 명령과 권고는 우리가 일정한 목표 또는 목적에 도달하려고 할 때, 그러기 위해서는 사물을 어떻게 다루고 또 기술적으로 어떻게 처리해야 하는가를 알려 주는 처방이다. 예를 들어 자동차를 운전하려는 사람은 명시적으로든, 묵시적으로든 다음과 같은 여러 가지 권고를 대하게 된다. "시동 키를 꼽아라, 액셀러레이터를 밟아라, 클러치를 밟아라……." 그런데 이 명령은 자동차를 운전하려 한다는 조건 아래서만 의미 있는 명령이다. 다시 말해서, 실제로 자동차를 운전하려는 사람에게만 해당하는 이야기일 뿐, 그렇지 않은 사람에게는 중요하지 않은 말들이란 얘기다.

한편 도덕적 계율이나 금지의 명령은 전혀 다르다. 여기서는 계율을 따르는 데 전제 조건이 없다. 도덕의 계율이 요구하는 것은 계율 그대로다. "살인하지 말라"는 도덕적 명령은 개별 행위자가 그 행위의 결과에 의미를 부여하든 말든 상관하지 않는 '절대적인' 명령이다.

도덕적 계율과 금지의 '무조건적인' 특징은 도덕적으로 행동하는 사람은 결국 '모든' 사람의 평화롭고 행복한 공존에 '관심'을 갖는다는 사실과도 잘 부합된다. 당연한 이야기지만 도덕적으로 선한 행동을 하는 '궁극' 목적이 무엇인가를 아는 사람만이 '자신의' 행동이 과연 이 목적을 실현하는 데 기여할 것인가를 평가할 수 있다.

관습, 도덕, 법이 갖는 또 하나의 공통점이 있다. 이 각각이 제공하는 행동 규칙을 머리 속으로든 따르거나 따르지 않는 사람을 평가할 때, 그 평가가 모두 '가치 판단'의 형태를 띠게 된다는 점이다. 다시 말해서 그 판단은 좋다, 나쁘다, 가치 있다, 가치 없다 등의 가치어를 사용한다.

모든 '사실 판단'에서는 이런 평가적 언명을 사용해선 안 된다. 사실 판단은 기본적으로 눈 앞의 사태만을 서술한다.

예를 들어 보자. 내가 만일 "이 커피는 맛이 '좋다'"고 말한다면 이것은 일종의 가치 판단이다(더 정확히 말하자면, 가치 판단 가운데 개인적인 취향의 판단이다). 반면 내가 "이 커피는 '검다'"고 말한다면 나는 사실 판단을 내린 것이다. 이 경우에 지적하는 것은 다만 커피의 특정한 성질, 누가 보더라도 보편적으로 확인할 수 있는 커피의 특정한 성질이다.

가치 판단은 다시 도덕적인 가치 판단과 비도덕적인 가치 판단(도덕과 무관한 가치 판단)으로 나뉜다. 그런데 이 둘 사이의 구별이 쉽지 않을 때도 있다. 예를 들어 보자. 두 사람의 축구 팬이 파울 브라이트너Paul Breitner가 '훌륭한' 축구 선수라는 데 의견의 일치를 보았다. 그런데 자꾸 이야기하다 보니까 한 사람은 브라이트너의 공 다루는 기술을 두고 그런 평가를 한 것이고, 다른 사람은 그가 팀 동료나 상대편 선수를 대하는 매너가 아주 훌륭하다는 점에서 그런 평가를 내렸음을 알았다. 서로 다른 데 초점을 두고 브라이트너가 '좋은' 선수라는 동일한 가치 판단을 내린 것이다. 여기서 브라이트너의 공을 다루는 특별한 기술을 평가한 첫 번째 사람의 판단은 비도덕적인 가치 판단이다. 하지만 브라이트너가

동료들을 대하는 태도를 평가한 두 번째 사람의 판단은 "브라이트너는 좋은 사람이다"라는 판단으로 바꿀 수 있는 명백히 도덕적인 가치 판단이다.

그렇다면 하나의 가치 판단이 도덕적인 것인지 아닌지를 가르는 기준의 문제가 제기된다. 이 문제는 잠시 보류하자. 대신 다음 절에서 현명한 처세술에 대해 간단히 살펴 보자. 이건 역시 도덕과 쉽게 혼동되는 것 가운데 하나이기 때문이다. 결론부터 말하자면 '현명한 처세의 요령', 즉 처세술과 도덕은 전혀 다른 것이다.

키스는 비도덕적인가*

이 이야기는 실제로 있었던 일이다. 이 이야기는 도덕, 법, 관습의 미묘한 관계와 차이점을 잘 보여 준다.

뮌헨을 가로지르는 이자르 강가에 수영복을 입은 한 쌍의 연인이 깔판 위에서 애무를 즐기고 있었다. 때마침 그 곳을 산책하던 사람이 이 장면을 목격했다. 그는 처음에는 가까이서 보다가 곧 좀 더 떨어져서 이 장면을 주시했다. 아마도 그는 '전에는 저런 일이 없었는데' 하고 생각했던 것 같다.

'관습'에 비추어 본다면, 이 지나가던 사람이 인상을 찌푸리며 불쾌하다는 표시를 한 것은 충분히 이해할만하다. 왜

냐하면 지난 세기 말만 하더라도 처녀가 낯선 남자와 단둘이 길을 가는 것조차 당시의 관습으로는 전혀 어울리지 않는 행동이었기 때문이다.

하지만 이제는 상황이 다르다. 젊은 연인 편에서 오히려 기분이 나빴다. 이 쳐다보는 사람 때문에 기분이 상했던 것이다. 서로 악담이 오갔고, 결국 젊은 남자는 인신 모욕죄로 그 지나가던 사람을 '법'에 고소하였다. 1심과 2심에서 이 방해자는 법적으로 사실상의 죄가 인정되었다. 물론 결심에서는 무죄로 풀려났지만 말이다. 3심 판사의 주된 관심은 과연 그 사람의 행동이 은밀한 애무를 즐기던 연인에게 어떤 침해를 하였는가 하는 것이었다. 왜냐하면 그게 밝혀져야만 현행 법규에 따라 처벌할 수 있기 때문이다. 사법적으로 보면, 연인들이 원하지 않는데도 그 사람이 두 연인의 프라이버시를 침범했을 때에만 처벌이 가능하다.

티르소 브리졸라 Thyrso A. Brisolla

그런데 이 논의에는 '도덕'과 관련된 측면도 있다. 왜냐하면 밀애를 속삭이는 연인을 관찰하는 행동은 그 당사자들의 인격을 멸시하는 모욕 행위로 간주될 수도 있기 때문이다.

하지만 사랑하는 사람들의 밀애는 누구나 하는 당연한 일이고 또 세상에서 가장 아름다운 일인데, 그걸 좀 보았다고 해될 게 무엇이 있겠는가. 그걸 좀 보았기로서니 누구에게 해를 준단 말인가. 그렇다면 결국 이 사건은 각 개인의 '취향'이 달라서 생긴 문제일 뿐인가.

* 1980. 10. 17자 『디 자이트 Die Zeit』에 실린 에바 마리아 뮌히 Eva Maria Münch의 글 「두 사람이 키스를 하는데」에서

도덕과 현명함

6. 현명함

그림 동화책 『슈트루벨페터』를 보면 '엄지손가락 빠는 아이' 이야기가 나온다. 엄지손가락을 자꾸 빨면 손가락이 없어진다고 무섭게 엄포도 놓았지만 결국 말을 듣지 않았는데, 그만 그 협박이 잔혹한 현실이 되었다는 이야기다. 그런데 이 이야기를 읽어 본 독자들은 부지불식간에 다음 두 가지 해석을 놓고 고민했을 것이다.

"그 '콘라드'라는 아이가 손가락을 잃은 것은 말을 듣지 않았기 때문이야. 아이는 말을 잘 들어야 한다는 게 이 동화가 주는 교훈일 거야."

"아니야. 이 동화는 결국 손가락을 빨면 치아의 발육에 나쁜 영향을 미친다는 사실을 알려 주고 싶었던 거야."

이 두 가지 해석은 초점이 다르다. 전자의 해석은 "그러면 콘라드는 도덕적으로 '나쁜 아이였는가'" 하는 문제로 바로 이어진다. 이 물음은 답에 상관없이 전자의 관점에서는 말이 되는 물음이며 유의미한 물음이다. 하지만 후자의 해석을 근거로 하여 "그러면 엄지손가락을 빠는 행위는 도덕적으로 선한가, 악한가"라고 묻는다면 이는 어리석은 물음이다. 왜냐하면 후자의 관점에서는 손가락을 빠느냐 마느냐의 문제는 도덕적인 문제가 아니기 때문이다. 그러면 여기서의 문제는 무엇인가? 그것은 바로 '현명한 행동이었는가'의 문제이다.

어떻게 행동하는 것이 현명한 행동인가를 가르쳐 주는 처세술은 무수히 많다. 그 가르침이 도덕의 가르침과 동일한 내용인 경우도 있다. 하지만 도덕과 처세술 사이에는 근본적이고도 결정적인 차이가 있음을 알아야 한다.

처세술은 개인이 어떤 소망을 가지고 있거나 어떤 이해 관계를 가지고 있을 때, 그것을 실현하는 '방법'에 대한 가르침이다. 처세술은 기본적으로 다른 사람의 행복에는 관심이 없다. 어쩌다 다른 사람의 행복이나 불행에 관심을 두는 경우도 있겠지만, 그 경우란 그 관심이 나의 행복과 나의 이

해 관계 실현에 도움이 될 때뿐이다.
　처세술의 관점에서 보면, 항상 도덕적으로 선하기만 한 사람은 '우둔한' 사람이다. 예를 들어 처세술은 "거짓말하는 것보다는 진실을 이야기하는 것이 현명할 때도 있지만, 반대로 거짓말을 하는 것이 더 현명할 때도 있음"을 가르친다. 현명한 사람, 처세에 능한 사람은 원칙을 고집하지 않고 항상 타협한다.
　처세술에서는 사기꾼인가, 정직한 사람인가는 아무런 문제도 안 된다. 어떤 수단과 방법을 동원해야 정해진 목적이나 목표를 이루는 데 도움이 될 것인가만을 가르치는 것이 처세술의 핵심이다. 그 행동이 다른 사람에게 좋은 결과를 가져올지 해를 미칠지는 중요한 문제가 아니다.

7. 도덕

　처세에 능한 사람과는 달리, 도덕적으로 '선하게' 행동하는 사람 또는 그렇게 살려고 하는 사람은 항상 이웃의 안위에 최대의 관심을 둔다. 또 그런 사람은 무제약적 도덕 법칙을 따름으로써 공동체와 이웃의 행복에 기여한다.
　빨간 스포츠카 한 대를 사는 행위는 도덕과 아무런 관계가 없다.
　물론 이 행동은 관습이나 법과도 아무 관계가 없다. 그것은 다만 개인의 취향 문제다. 그런데 그가 차를 사면 그의

가족이 재정적으로 아주 곤란한 상황에 빠질 것이 분명한 경우라면 그의 구매 행동은 명백히 비도덕적인 행위가 된다. 길이 얼어붙었을 때 차를 모느냐 마느냐의 문제도 마찬가지다. 그것은 일단은 도덕과는 무관한 처세의 문제이지만, 다른 사람에게 미칠 위험을 고려해 보면 문제는 달라진다. 차의 바퀴가 심하게 상했을 때 차를 몰 것이냐 마느냐의 문제도 곧바로 도덕적인 문제가 된다. 왜냐하면 그런 차를 운전하는 것은 다른 사람의 생명을 무책임하게 가지고 노는 것이기 때문이다.

이처럼 도덕적인 가치 판단, 도덕적인 의무 판단의 가장 중요한 특징은 나만의 이해 관계가 아닌 다른 모든 사람에 대한 고려, 다시 말해서 '보편 타당성'을 요구한다는 점이다. 도덕은 바로 이 점에서도 법이나 관습, 처세와는 다르다. 바꿔 말하자면, 어떤 특정한 상황에서 다른 사람을 도덕적으로 비난하는 사람은 그 다른 사람들도 동일한 상황에서는 동일한 가치 판단을 하리라는 것을, 명시적으로든 아니든 전제한다.

베히터

국가와 도적 떼

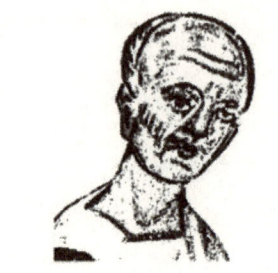

아우구스티누스 Augustinus(354~430)

정의가 바로 서 있지 않을 때 왕국이란 거대한 도적의 무리일 뿐이다. 본래 도적의 무리 자체가 작은 왕국 아닌가. 강도 집단은 도적들 사이의 일정한 계약에 의해 이루어지며, 일단 만들어지면 우두머리의 지시를 따르고 또 약정된 비율에 따라 노획물을 나누어 갖는다. 악당들이 계속 가입하여 집단의 규모가 커지고, 여기저기 땅을 점령하여 식민지도 생기고, 또 점령지의 민족들을 예속시킬 정도에 이르면 이 사악한 집단은 당당하게 하나의 '왕국'임을 자처하게 된다. 그러면 이 집단은 일종의 공식성을 얻게 되는데, 이것은 탐욕이 사라졌다는 의미에서가 아니라 탐욕에 면죄부를 부여한다는 의미에서의 공식성이다.

체포된 해적이 알렉산더 대왕에게 한 말은 은근하지만 진리를 담고 있다. 알렉산더가 해적에게 "너는 가당치도 않게 바다를 불안하게 만들었다"고 말하자 해적은 솔직하게 대꾸했다. "당신도 전 세계를 불안하게 만들지 않았소. 다만 나는 궁색한 선박을 이끌고 다녔기에 도둑이라 불리고, 당신은 거대한 함대를 이끌고 다녔기에 제왕이라 불리는 것뿐입니다."

아우구스티누스, 『신국론 神國論』

나는 자유다!

누가 자기 어머니의 지갑에서 돈을 훔치려 한다고 해 보자. 그러면 우리는 그 행동을 말리면서 이렇게 말한다. "어머니 돈을 훔치는 건 도덕적으로 옳지 않아." 그런데 이 말은 훔치는 행동은 언제 어디서고 옳지 않다는 것을 전제로 하는 말이다. 물론 돈이 많은 사람은 조금 없어져도 눈치채지 못하니까 괜찮다고 할지 모르겠다. 혹은 부당하게 돈을 모은 부자한테서 돈을 좀 집어내는 것은 나쁘지 않다고 주장할 수도 있으리라. 또 어떤 사람은 다른 사람에게 좋은 일을 하거나 가난한 사람을 도우려고 돈을 훔치는 것이라고 변명할 수도 있을 것이다.

하지만 그 어떤 변명을 한다고 하더라도 훔치는 행동은 도덕적인 관점에서 보면 비난받아 마땅한 행동이다. 인간의 '근본적인' 행위 규범에 예외란 '없다.' 또 천차만별한 개인의 이해 관계만을 따지다 보면 진정한 인격의 공동체는 실현할 수 없다. 아니, 생각해 볼 수조차 없다.

도덕 규범은 '인간 행위'를 규제하고, 도덕적 평가는 '인간 행위'의 시비선악是非善惡을 가리는 판단이다. 그런데 여기서 규제와 평가의 대상이 되는 인간 행위란 과연 무엇인가. 인간 행위 가운데는 도덕적 평가와 규범이 적용되지 않는 것도 있지 않을까.

인간은 여러 가지 행위를 한다. 숨쉬고, 기도하고, 생각하고, 먹고, 웃고, 배우고, 사랑하고, 자고, 놀고, 때리고, 꿈꾸고, 울고 등등. 이 가운데 많은 행위는 '어떤 대상', 예를 들어 책상, 책, 다리, 좋은 음식, 사진 등을 만드는 행위다. 이 대상들은 그 행위가 끝난 다음에도 지속적으로 존재한다. 또 어떤 행위는 넓은 의미의 생계 수단, 즉 생존에 필요한 생활 수단을 직접·간접적으로 조달하는 행위다.

또 웃고, 울고, 놀고, 자는 등의 행위는 행위 자체에 초점이 있는 행위다. 행위를 그치는 순간 대상도 사라져 버린다. 인간의 행위는 이밖에도 아주 다양하다. 그러면 이 많은 인간 행위 가운데 '도덕적인 의미'를 갖는 행위는 어떤 것일까. 이미 지적했듯이, 도덕적 의미를 갖는 행위는 어떤 형식으로든 항상 다른 사람의 안위, 행·불행과 관련되어 있다.

그렇다면 다른 사람과 관련이 있는 행위는 모두 도덕적으로 판단할 수 있는 행위인가. 예를 들어 분에 못이겨 '충동적으로' 다른 사람을 살해한 사람은 어떻게 평가되어야 하는가. 그 사람은 분명 다른 사람에게 '악한' 행동을 했으니까 법적으로나, 도덕적으로 자기 행동에 대해 '책임'을 져야 하는가.

화가 폭발해서 자기 아이를 때린 아버지에 대해 도덕적으로 어떤 평가를 내려야 할까. 결혼식 날 그저 평상시의 습관대로 아내에게 꽃을 주는 남편에 대해서는 또 어떻게 평가해야 할까. 나에게 묻는다면, 나는 이 가운데 어떤 행동은 비난하고 어떤 행동은 칭찬할 것이다. 하지만 그런 행동에 대해서 어떤 책임까지도 물을 수 있을까? 사실 이 행동들은 자유롭고 성숙한 인격체의 행위, 더욱이 어떤 의도와 계획을 가지고 한 행위들이 아니다. 따라서 이 모든 행위가 명백하게 책임 문제로 이어진다고 보기는 어렵다.

위의 예에서 사람을 움직여 바로 그러저러한 행동을 하게 한 힘은 충동이나 감정, 또는 습관이다. 그렇다면 그 행동들은 '내'가 한 행동이 아닐지도 모른다. 충동이나 감정, 습관 등은 내가 아닌 어떤 '낯선' 힘에 의해 규정되는 것이다. 이것들은 또 그 낯선 힘을 실현하는 수단이다. 여기서 낯선 힘이란 '본능'일 수도 있고 '사회적인 힘'일 수도 있다.

물론 이 행동들이 정당하다는 것은 아니다. 다만 이 행동들은 나름의 독특한 사정 때문에 그것에 대한 도덕적 평가가 쉽지 않다는 얘기지, 사람을 때리거나 살인하는 행위 자체는 도덕적으로 악한 행동임에 틀림없다.

그렇다면 '도덕적 평가를 할 수 있는' 행동은 어떤 행동인가. 하나의 '인격체'로서 행한 행동이 그런 행동이다. 다시 말하자면 '의식적으로', '자유 의사에 따라' 어떤 목적을 설정하고 그 목적을 이루기 위해 한 행동은 도덕적으로 평가할 수 있는 행동이다. 이런 행동을 하는 사람은 사전에 그 행동의 결과가 자신과 다른 사람에게 미칠 영향을 알고 있다. 따라서 그 사람은 자기 행위의 결과에 대해 책임을 질 수 있는 사람이며, 또 책임을 져야만 한다.

아래 예에 비추어 보면 이 말의 의미가 분명해진다. 햇빛에 눈이 부시면 우리는 눈을 가늘게 뜨고 깜박인다. 이것은 각막의 습기가 마르는 것을 막기 위한 우리 몸의 본능적이고 무의식적인 반응이다. 다시 말해서, 원하지 않는다 하더라도 어쩔 수 없이 이루어지는 행동인 것이다. 이 행동은 다른 사람들이 있건 없건 상관없이 자연스럽게 이루어진다. 또 누구도 이 행동을 방해할 수 없으며 누구도 이 행동이 다른 사람들에게 어떤 의미를 갖는다고 생각하지 않는다.

옛날에 있었음직한 일이다. 어떤 신하의 행동이 못마땅하다 싶으면 군주는 측근 조관朝官에게 눈짓을 한다. 그러면 조관은 그 신하를 곧바로 감옥에 처넣는다. 눈이 부셔 하는 눈짓과 별 차이가 없는 눈짓이지만, 이 상황에서는 의미가 아주 다르다. 무엇보다도 이 눈짓은 도덕적 평가가 가능한 의도적 행위다. 왜냐하면 여기서 행위자인 군주는 자기 행위(눈짓)의 결과가 무엇인지(신하의 감옥행) 알고 있었을 뿐만 아니라, 바로 그것을 '자기 의사에 따라' '의식적으로' 의도했기 때문이다.

물론 군주의 자유 의지가 항상 의도대로 실현될 수 있는 것은 아니다. 군주는 눈짓을 했지만 측근이 무슨 의도인지 간파하지 못할 수도 있고, 감옥행을 선고받은 신하가 어느 틈엔가 도망가 버렸을 수도 있다.

이 예에서와 유사하게 인간 행동의 자유는 항상 제약되어 있다. 아무리 그러고 싶어도 우리는 실제보다 커지거나 작아질 수 없으며, 실제보다 더 젊어지거나 어른이 될 수도 없다. 인간의 의도적 행위는 언제나 나이, 건강 상태, 성별, 재산, 기타 여러 가지 요소에 의해 제약받게 마련이다.

극단적으로는, 우리가 원하지도 않은 행동, 인정하지도 않은 행동을 해야 하는 경우도 있다. 이런 강제적 행동은 도덕적으로 어떻게 평가해야 하는가. 또 의지와는 달리 내적, 외적 '상황' 때문에 도덕적으로 '악한' 행동을 한 사람의 경우는 어떤가.

명백하게 이런 행동들은 도덕적 평가의 대상이 아니다. 어떤 사람이 도덕적으로 행동할 수 있으려면 또 도덕적으로 평가받을 수 있으려면 먼저 행동의 자유가 무조건적으로 전제되어야 한다. 물론 도덕적으로 선한 행동을 하겠다고 혹은 하지 않겠다고 결단하는 어떤 인간이 진짜 자유로운 상태에 있는가를 알아내는 것은 별개의 문제다. 다만 '의지의 자유'가 전제되어야만 성숙한 인격체의 행위를 거론할 수 있으며 또 행위자에게 행동의 책임을 물을 수 있다는 것만은 분명하다.

우리는 때로 지나간 행위를 후회하면서 '그때 그렇게 하지 않고서 달리 행동했더라면 좋았을 텐데' 하고 생각할 때가 있다. 그런데 이런 생각, 즉 '달리 행동했더라면 좋았을 텐데' 하는 생각과 의지의 자유를 혼동해서는 안 된다. 예를 들어 아내를 힐난한 뒤에 '그러지 말고 사랑의 입맞춤을 해 줄 걸' 하고 후회하는 경우가 있다. 그러나 뒤늦게 후회해 보았자 이미 지나간 사실은 어쩔 수 없다. 여기서 의지의 자유 문제의 핵심은 뒤늦은 후회가 아니라 "바로 '그때 그 상황에서' '실제로' 아내에게 입맞춤을 할 수도 있었는가"의 문제이다.

우리는 보통 자신이 자유롭다고 느끼기 때문에 이 물음에 대해서도 기꺼이 "예" 하고 대답할지 모른다. 하지만 자유롭다고 느끼는 것과 진짜 자유로운 것은 다르다.

잘 알다시피 감정과 느낌은 얼마든지 우리를 속일 수 있다. 아니, 인간의 '자유 의지' 자체도 한갓 몽상일 수 있다. 인간은 주어진 소질과 환경에 의해 지배받는다는 사실을 많은 과학자가 설득력 있게 보여 주고 있지 않은가. 이 과학자들에 따르면, 의지대로 결정했다고 생각하는 행동들도 따지고 보면 진짜 원인과 책임이 다른 데 있다는 것이다. 이 원인들은 우리도 모르는 사이에 "우리의 등 뒤에 숨어서" 우리로 하여금 어떤 결정을 내리도록 유도한다는 것이다.

과학적으로 본다면 세계의 모든 사건에는 그 원인이 있다. 모든 사건의 진행은 예외 없이 인과 법칙의 지배를 받는다. 이런 전제가 없다면 과학의 탐구와 과학적 지식은 무의미할 뿐만 아니라, 불가능하기까지 하다.*

사실 우리는 일상 생활에서도 어떤 행동은 필연적으로 어떤 결과를 낳을 것이라고 확신하며, 또 거꾸로 모든 작용은 그 원인을 찾아 낼 수 있다고 믿는 게 보통이다. 그렇지 않다면 의사는 약 처방을 내릴 수 없고, 아버지가 아들을 야단치는 일도 없고, 배고플 때 밥을 먹지도 않을 것이다. 아니, 그 어떤 계획을 세우는 것 자체가 불가능하거나 그 어떤 의미 있는 행동도 할 수 없을 것이다.

하지만 인간 의지의 선택에 영향을 미치거나 미칠 수 있는 그 많은 요소를 완전하게 포착한다는 것은 불가능한 일이다. 또 어떤 개별적인 경우와 관련하여 인간 의지에 영향을 미치는 '외적 요인' 전체를 과학적으로 분석해 내는 것도 불가능하다. 아니, 인간이 자유 의지를 가지고 있는가를 사실적으로 증명해 낸다는 것 자체가 실은 불가능한 것이다.

우리는 앞에서 인간 의지의 자유가 전제되지 않으면 도덕은 설 자리가 없다고 하였다. 그런데 의지 자유의 문제에 대해 이렇게도 저렇게도 말할 수 없는 입장이라면 이제 도덕 자체는 불가능해지는 것인가.

하지만 인간의 자유 의지를 궁극적으로 증명할 수도 없고, 또 반박할 수도 없다는 사실은 자유 의지의 가능성을 거부하기보다는 오히려 인정하는 셈이라고 봐야 할 것이다. 만약 인간에게 자유 의지가 없다면 인간은 아무런 가치도 없는 꼭두각시, "줄에 매달려 그저 맹목적인 힘에 놀아나는" 꼭두각시 같은 존재가 된다. 그러면 누구도 자기 행동에 대해 책임질 필요가 없으며, 자의적인 행동들도 그대로 내버려 두어야 한다는 결론이 나온다. 정말 그렇다면 인간적인 공동체의 삶은 생각해 볼 수도 없다.

결국 의지는 완전히 결정되는 것이 아니며 또 각 개인은 자기가 한 일에 대해 책임을 질 수 있고 책임을 져야 한다고 근본적으로 전제할 때에만, 우리 인간은 서로 조화를 이루며 공동체 속에서 함께 살 수 있을 것이다.

발터 쿠로프스키 | Walter Kurowski

---

* 여기서 인과 법칙이란 원인과 결과 사이의 법칙적인 연관을 말한다. 오해를 피하기 위해 한 마디 덧붙인다면, 과학자들 중에는 인과 법칙 이외에 그에 못지 않는 근본적 의미를 지니는 다른 형태의 법칙적 연관을 주장하는 사람도 있다.

'의지의 자유' 문제*

독일의 철학자 쇼펜하우어Arthur Schopenhauer는 다음 이야기에 빗대어 '의지의 자유' 문제를 제기하고 있다.
　한 사람이 길에 서서 혼잣말을 한다.
　"저녁 여섯 시군. 오늘 일은 끝났어. 이제 산책을 할 수 있겠군. 탑 위에 올라가서 일몰을 볼 수도 있고, 극장에도 갈 수 있지. 이런저런 친구도 찾아가 만날 수 있고. 그래, 저 문을 통해 넓은 세상으로 뛰어 나가는 거야. 다시는 안 돌아올 수도 있어. 다 내가 하기 나름이지. 무슨 일이든 내 마음대로 할 수 있단 말이야. 하지만 지금은 어떤 일도 하지 않겠어. 내 맘이잖아. 그냥 집으로 가야지. 내 마누라한테."
　쇼펜하우어의 이어지는 이야기는 물의 독백이다.
　"나는 높은 물결을 일으킬 수 있다. 비바람 부는 바다를 보라. 나는 급격히 아래로 흘러갈 수도 있다. 강바닥을 흐르는 급류를 보라. 나는 공기 중으로 자유로이 솟아오를 수도 있다. 분수의 물을 한번 보라. 뿐만 아니라 나는 부글부글 끓어서 공기 중으로 사라질 수도 있다. 섭씨 100도에서 끓는 물을 보라. 하지만 나는 이 가운데 어느 것도 하지 않으

빌헬름 부쉬 Wilhelm Busch, 〈강아지와 산책하는 쇼펜하우어〉, 1870

련다. 그저 내 맘대로 조용히 있으련다. 맑은 양어장의 물처럼."

그런데 물이 이런 것들을 할 수 있으려면, 그것을 하게끔 하는 분명한 원인이 있어야 한다. 마찬가지로 "나는 이것도 할 수 있고 저것도 할 수 있다"고 공상하는 사람이 진짜 그 가운데 어떤 것을 할 수 있으려면 거기에 합당한 조건이 갖추어져야만 한다. 이 조건이 구비되지 않으면 그의 몽상은 이루어질 수 없다.

일정한 조건이 갖추어지면 그 사람은 그 일을 할 수 있다. 게다가 일정한 원인까지 주어지면 그는 필연적으로 그 일을 할 수밖에 없다. 총알이 장전된 권총을 손에 쥐고 있는 사람은 "나는 자살을 할 수 있다"고 생각할지 모른다. 하지만 이것은 맞는 말이 아니다. 권총은 자살의 최소 요건일 따름이다. 진짜 자살을 할 수 있으려면 강한 충동이 있어야만 한다. 삶에의 욕망과 죽음의 공포를 넘어설 정도로 엄청난 힘을 지닌 특별한 동기가 있어야만 하는 것이다. 그리고 이 동기가 주어지면 그는 자살을 할 수도 있는 것이 아니라 자살할 수밖에 없다.

* 멘첼 Alfred Menzel의 『의지의 자유 문제 Das Problem des Willensfreiheit』 중에서.

악동 프리데리히

프리데리히의 행동은, 그것이 의도적인 행위였다는 전제 아래서만 도덕적으로 단죄할 수 있다. 앞선 장('어떤 행동이 도덕적으로 선한 행동인가', '나는 자유다!')을 잘 읽은 사람은 아래 그림의 의미를 쉽게 간파할 것이다.

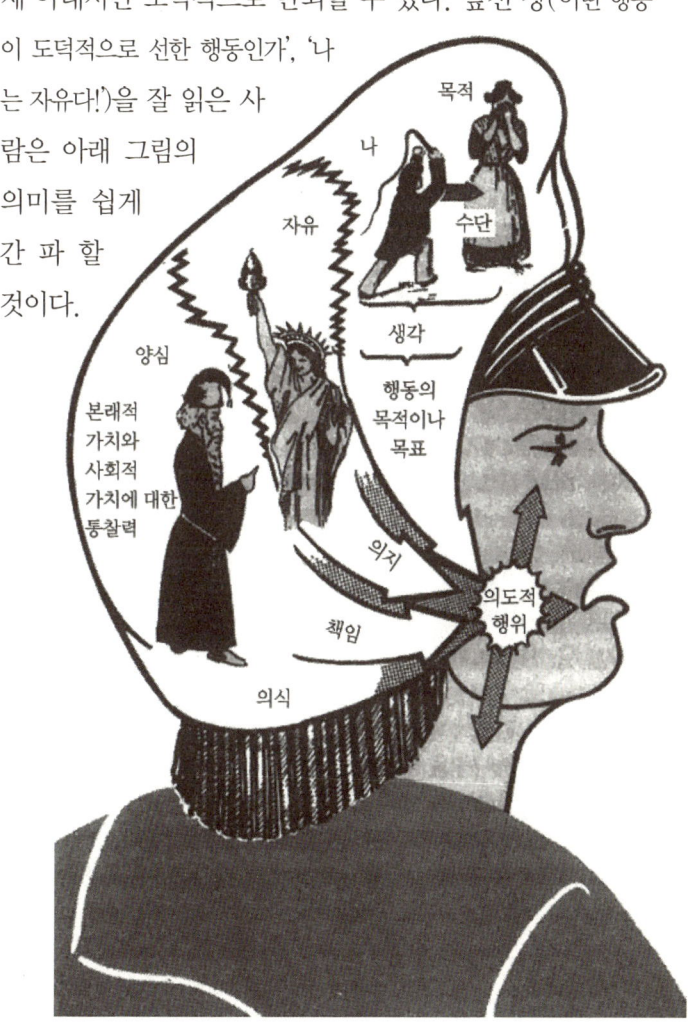

스스로 판단하라
—도덕 판단의 세 가지 시금석

사자, 당나귀, 여우가 함께 사냥을 나갔다가 먹이를 많이 잡아 돌아왔다. 사자는 당나귀한테 그것을 나누라고 말했다. 당나귀는 사냥해 온 것을 셋으로 나누고는 자기 몫을 달라고 했다. 그러자 사자는 화가 나서 당나귀를 잡아먹었다. 사자는 이번에는 여우더러 나눠보라고 했다. 여우는 전부 한데 쌓아 놓고 사자에게 다 가지라고 권하면서 자기는 뼈다귀 몇 개만 남겨 달라고 했다. 사자는 여우에게 그렇게 나누는 법을 어디서 배웠느냐고 물었다. 그러자 여우는 '당나귀의 불행'을 보고 배웠노라고 대답했다.(이솝)

이 우화의 교훈은 무엇일까. 아마도 다음과 같은 것들이리라.

타산지석他山之石. 다른 사람의 불행을 보고 배운다.
나의 권리를 주장하기보다는 살아남는 것이 중요하다.
힘센 사람에게 반항해서는 안 된다.
실현 가능성이 없을 때는 권리를 주장하지 말라.
강자가 항상 옳다.
겁쟁이는 자기 몫을 얻어내지 못한다.
가장 큰 몫은 강자의 것이다.
비굴하게 사느니 당나귀처럼 되는 것이 낫다.

그런데 이 여러 가지 교훈 가운데 '도덕적인' 교훈은 어떤 것일까. 여러분 스스로 판단해 보라.

독일의 철학자 칸트는 1797년에 쓴 작문 논문 「'인간애에서 비롯된 거짓말은 해도 된다'는 잘못된 법에 대하여」에서 다음과 같은 문제를 제기하였다. 살인자에게 쫓기던 친구가 내 집에 숨어들었다. 이럴 때 나는 살인자를 속여도 되는가?

베히터

"만약에 당신이 살의를 품고 미친 듯이 헤매 다니는 어떤 사람에게 그의 범행을 막기 위해 '거짓말'을 하였다면, 당신은 이 거짓말 때문에 일어날 수 있는 모든 결과에 대해 책임을 져야 한다. 반대로 당신이 단호하게 진실을 이야기한 경우에는 어떤 예상치 않은 결과가 나타나더라도 법적으로 당신 책임이 아니다. 물론 이럴 수도 있다. 살인자가 '그놈, 집에 있느냐?'고 물었을 때 당신이 '그렇다'고 솔직히 답했는데, 친구는 이미 어디론가 사라져서 살인자와 마주치지 않았고, 따라서 범행도 이루어지지 않는 경우 말이다. 하지만 이럴 수도 있다. 친구가 집에 없다고 거짓말을 했는데, 마침 그 친구가 슬그머니 문 밖에 나가 있다가, 이제 막 포기하고 돌아가는 살인자를 문 앞에서 만나 당하는 경우 말이다. 그러면 당신은 살인 방조죄로 고소될만하다. 왜냐하면 이 경우에 당신이 아는 대로 '친구가 집 안에 있다'고 솔직히만 말했다면 이미 밖에 나와 있던 친구는 살인자가 집에 들어와 뒤지는 사이에 멀리 도망갈 수 있었을 것이기 때문이다. 또 그 살인자는 집을 뒤지고 나가다가 지나가는 이웃에게 잡힐 수도 있다. 그러면 범행은 좌절되었을 것이다.

'거짓말'을 하는 사람은 아무리 좋은 의도를 가지고 있었다고 하더라도 민사 소송이 걸리면 그 거짓말이 불러일으킨 모든 결과에 대해 책임져야 하고 또 그 대가를 지불해야 한다. 이 점은 그 결과가 전혀 예상할 수 없는 것이었다고 하더라도 마찬가지다. 왜냐하면 정직함이야말로 계약에 기초한 모든 의무의 기본으로서, 의무 중의 의무이기 때문이다. 이 법칙은 아주 자그마한 예외라도 허용하면 휘청거리게 되고 결국 무용지물이 된다."

칸트의 이 주장에 대해 당신은 어떻게 생각하는가? 항상 진실만을 말하라는 것이 도덕적인 계율이라면, 이웃을 도우라는 도덕적 계율은 무시되어도 된단 말인가?

"자동차 조립 공장에서 일하는 한 노동자가 컨베이어 벨트를 몰래 고장내곤 했다. 그는 벨트의 앞쪽에서 일하고 있었는데, 어느 날부터인가 담배 한 대 피우는 시간을 벌려고 장난을 시작했다. 드릴로 차체의 지정된 곳을 뚫지 않고 벨트를 살짝 뚫어서 컨베이어를 세운 것이다. 회사는 그때마다 수천 마르크의 손해를 보았지만 그는 그 덕에 4, 5분씩 쉴 수 있었다. 그는 2주 동안 세 번인가 네 번 같은 행동을 반복했는데, 결국 전모가 드러나 회사에서 해고당했다."

이 노동자의 행동은 도덕적으로 '선한' 행동인가 '악한' 행동인가? 둘 중의 하나라고 하면 왜 그런가? 당신은 이 노동자의 행동이 '현명'했다고 생각하는가?

이 물음에 대한 답은 여기서 이야기하지 않겠다. 다만 여러분 스스로 생각해 보고 또 주변 사람들과 토론해 보라.*

---

* 일찍이 소크라테스는 "도덕은 개개인이 스스로 생각하고 스스로 판달할 때 촉진된다"고 말했다. 이 책에 나오는 '도덕 철학의 세 가지 규칙'도 참조할 것.

다른 사람이 너에게 하지 않았으면 하는
행동을 너 또한 다른 사람에게 하지 말라

인간은 의지와 행동이 자유롭다고 일단 전제하자. 그러면 이제 "도덕적으로 살려고 하는 사람은 그의 의지와 행동의 기준을 어디에서 찾아야 하는가" 하는 문제가 제기된다.

우리가 어떤 행동을 계획하거나 실행에 옮기려고 할 때, 또 어떤 행동을 평가하려고 할 때 우리에게 주어지는 당위적 형태의 규범과 금지는 한 가지가 아니라 여러 가지이며, 그 가운데는 서로 맞부딪치는 것들도 있다.

예를 들어 보자. 중환자 앞에서 의사와 환자의 보호자가 항상 망설일 수밖에 없는 한 가지 문제가 있다. 환자의 치명적인 상태를 환자에게 사실대로 이야기해야 하는가, 아닌가. 환자는 당연히 진실을 알고 싶어 한다. 거짓말하는 것은 비도덕적이므로 환자에게 모든 사실을 이야기해야 옳을까, 아니면 환자의 상태가 악화되는 것을 막기 위해 어쩔 수 없이 거짓말하는 것이 옳을까?

사람들은 보통 어느 쪽이 현명한 태도인가를 생각해서 대답한다. 하지만 이것은 임기 응변의 처세술에 따른 대답이다. 따라서 엄격히 도덕적인 대답은 아니다. 처세술과 도덕은 다르다.

도덕적으로 선한 행동이 과연 무엇인가 하는 것은 인간 행동의 궁극적 평가 기준인 도덕의 근본 원리를 거론해야만 밝혀낼 수 있다. 이 근본 원리에 대한 논의는 인간의 모든 행위가 그 행위로서 끝나지 않고 다른 많은 사람에게 큰 영향을 미치기 때문에, 그리고 인간은 항상 "나만이 아니라 다른 사람들도 이 상황에서는 나와 똑같은 도덕적 태도를 취할 것이다"고 전제하고 어떤 행동을 하기 때문에 피할 수 없는 논의다.*

중환자의 예로 돌아가서 설명해 보면, 이 근본 원리에 대한 논의의 출발점은 다음과 같다.

"도덕적으로 볼 때, 사람(여기서는 환자)을 편안하게 하는 것이 진실을 말하는 것보다 더 가치가 있는가? 만일 그렇다면 그 이유는 무엇인가?"

이와 같은 물음의 저변에는 보편 타당한 행위의 기준, 보편 타당한 평가의 기준이 세워져 있어야 한다는 요구가 깔려 있다. 여기서 보편 타당하다는 말은 인간 행위의 모든 상황에 적용된다는 의미이다.

과거 도덕 철학의 역사를 보면, 이 보편 타당성에 대한 요구는 종종 의문시되었다. 요컨대 모든 상황은 그 나름대로 독특한 상황, 일회적인 상황이고, 따라서 도덕적으로 다른 상황과 비교할 수 없지 않느냐 하는 반론이 종종 제기되었던 것이다.

그런데 이런 '상황 윤리적' 입장은 자기 모순에 빠질 수 있다. 왜냐하면 모든 도덕적 판단은 내용이 무엇이든 간에 그것을 뒷받침하는 보편 타당한 규범을 요구할 수밖에 없으면, 이 점에서는 상황 윤리도 예외가 아니기 때문이다.

이를 무시하더라도 상황 윤리의 입장은 도덕의 사회적 기능, 즉 인간 공동체의 삶을 지도하고 이끌어가야 하는 기능을 저버리고 있다. 도덕의 이 기능은 보편 타당한 행위의 기준, 보편 타당한 평가의 기준이 개개인이 손에 쥐어질 때에만 실현될 수 있다.

그런데 이 보편 타당한 도덕의 기준 확립 문제가 때로는 간단하게 생각되기도 한다. 도덕이란 다른 사람의 행·불행을 고려하느냐 마느냐의 문제일 것이다. 그렇다면 다른 사람의 안녕에 해를 미치는 행동은 악한 행동이고 다른 사람의 안녕을 촉진하는 행동은 선한 행동이 아니겠느냐 하는 생각이 그것이다. 실제로 어떤 철학자들은 인간 행위의 도덕적 평가 기준을 그 행위의 결과에서, 즉 관련자들이 행복해졌느냐 불행해졌느냐 하는 '결과'에서 찾기도 하였다. 예를 들면 곤경에 처한 사람에게 돈을 주는 것은 선한 행동이고 다른 사람을 약탈하거나 사기치는 행동은 악한 행동이라는 것이다.

이 이야기에 큰 문제는 없는 것 같다. 하지만 이 도덕 원리에 근거하여 다른 사람을 해치거나 살인을 하는 경우도 있을 수 있다. 어떤 사람의 존재가 다른 사람들의 행복과 복지에 도움이 되기보다는 해가 된다고 판단하여 그 사람을 죽이는 경우 말이다. 이것은 독일 나치의 이데올로기가 실제로 내세웠던 논변이다. 그래서 나치는 600만이 넘는 유대인을 '국민의 해충'이라 하여 강제 수용소에서 죽였던 것이다.

도덕의 최고 원리를 찾아내는 일이 어려운 까닭은 또 있다. 사람들은 대부분 이기적으로 행동한다. 따라서 보편적으로 선하거나 유용한 어떤 일을 했다고 해도 그것은 그 일이 개인의 이기적 이해 관계나 명망에 득이 되었기 때문에 행해진 것이라고 볼 수도 있다.

물론 나는 이기적으로 행동하였지만 그 결과는 공동체에 득이 되고 도움이 되었다는 점에서 이 문제는 대충 넘어갈 수도 있을 것이다. 그러나 엄밀하게 따져 보면, 이런 행동 방식에는 그 어떤 도덕성도 없다. 왜냐하면 그런 논리를 그대로 받아들일 경우, 공동체를 해치려는 분명한 의도에서 어떤 행동을 하였지만 뜻과는 달리 다른 사람에게 이득이 된 행위들도 모두 '선한' 행동이라고 말해야 할 것이기 때문이다.

오직 행위의 '결과'만을 기준으로 하여 행위의 선악을 따지는 사람은 다음과 같은 문제에도 부딪친다. 선한 의도를 가지고 어떤 행동을 하였는데 여건이 허락하지 않아 본래 의도한 것과는 정반대되는 결과가 야기된 경우에 이 행동은 어떻게 평가되어야 하는가.

도대체 도덕 판단의 대상은 행위의 '결과'인가, '의도'인가. 도덕을 궁극적으로 정당화하는 이 두 가지 가능한 길을 두고 도덕 철학자들은 그동안 여러 가지 근거를 들어 그 중 한 가지 입장을 옹호해 왔다. 그런데 논란의 과정을 거치면서 이 두 가지 가능성 모두 실제의 적용에 있어서 많은 한계가 있음이 드러났다.

무엇보다도 다른 사람의 행·불행에 미치는 결과를 도덕의 기준으로 삼게 되면, 하나의 행동이 단기적인 관점에서가 아니라 아주 장기적인 관점에서 공동체에 미칠 영향을 판단해 낼 수 없다는 난점에 부딪친다. 예를 들면 어떤 행동이 아주 장기적인 관점에서 볼 때 공동체에 해를 미치기보다는 도움을 준다고 누가 단호히 말할 수 있겠는가 하는 문제이다.

반대로 행위의 결과를 도덕 평가의 기준으로 삼으면 순전히 이기적인 행동도 '선한' 행동으로 둔갑할 가능성이 있다고 하여 그런 기준을 거부하는 사람들은, "과연 어떤 개인의 행동이 전적으로 선한 의지의 실행이었는지 아니면 이기적인 의도도 함께 작용하였는지를 어떻게 알 것인가" 하는 문제에 부딪치게 된다.

독일의 철학자 칸트는 나름대로 이러한 딜레마에서 벗어나는 길을 발견하였다. 그는 다음과 같이 의미심장하게 말했다. 도덕적으로 행동하고자 하는 사람은 다른 모든 사람도 똑같은 방식으로 행해야 한다고 생각되는 그런 행동을 하여야 한다. 이 원칙은 "다른 사람이 네게 하지 않았으면 하는 행동을 너도 다른 사람에게 하지 말라"는 처세술을 연상하게 하는데, 칸트에 따르면 자신의 원칙은 그런 것들과 비교될 성질의 것이 아니다.**

칸트는 자신의 원칙은 이성 법칙의 형태를 띠고 있고 또 그런 한에서 필연적이고 보편 타당하다고 하여, 그것을 인간 행동의 '유일한' '최고의' 도덕 법칙으로 간주하였다. 그는 이 법칙을 '정언 명법'이라 불렀다. 칸트의 확신에 따르면, 이 법칙은 모든 도덕의 확고한 기초일 뿐만 아니라, 좀 이상하게 들릴지 몰라도 인간에게 현실적으로 '자유로울 수 있는 가능성'까지도 열어 준다는 것이다. 요컨대, 자기의 행동 방식이 동시에 보편적인 도덕 법칙이 되었으면 하는 사람은 분명 자기 자신에게만 좋은 일은 하지 않는다. 또 그런 사람은 나의 결정이 아닌 모든 외적 규정을 거부하는 자율적인 인간이다.

절대적인 명령으로서의 이러한 도덕 법칙은 행위의 결과에 대해서는 눈을 돌리지 않는다. 한편 우리 자신은 나의 행동이 가져올 결과에 관심이 많은 게 보통이다. 결국 대부분의 사람은 칸트적인 의미에서의 '도덕적으로 선한 행동'을 하기보다는 다만 '영리한' 행동을 하는 셈이다.

오늘날 도덕은 개인의 문제가 아니라는 점이 분명해지고 있다. 인간의 행위는 이제 전 인류의 생명을 위협하는 단계에까지 왔다. 원자 폭탄의 엄청난 파괴력이라든가 유전 공학의 불안한 징후들, 그리고 무절제한 자연 파괴, 생활 환경의 파괴를 생각해 보라.

 이런 위험들을 생각해 본다면, 이제 개인의 이해를 추구하는 처세술이 아니라 '인류 전체의 안녕'을 추구하는 도덕의 원칙이 전면에 부각되어야 한다는 주장이 충분한 의미를 갖게 되었다. 물론 처세술로도 이러한 위험을 인식할 수 있을지는 모르겠다. 하지만 처세술은 늘 이기주의와 손을 잡고 언제나 몇몇 사람의 이해 관계 실현에 봉사하게 마련이다. 하지만 도덕은 다르다. 도덕은 모든 사람의 안녕, 인류 전체의 안녕을 추구한다.

* "도덕적으로 선한 행동은 그것이 선하기 때문에 반드시 행해져야 한다"는 데 대해서는 많은 논란이 있다.
** 정언 명법定言命法der kategorische Imperativ이란 절대적이고 무조건적인 명령이란 뜻이다.

그러다가 닷새 지나 죽었다

자살은 도덕 철학에서 가장 흥미로운 주제 가운데 하나다. 또 그런 만큼 설명하기도 쉽지 않다. 끊임없이 생과 이별하는 사람들이 있다. 어떤 사람은 자의로, 어떤 사람은 어쩔 수 없는 상황 때문에 생과 이별한다. 인간의 이런 행위를 묘사하는 언어적 표현이 두 가지로 나뉘듯이, 이 행위를 평가하는 데 있어서도 서로 상반되는 두 가지 입장이 있다. '자살自殺'이란 말은 자기를 '죽인다', 자기를 '살해한다'는 말이지만, '스스로 택한' 죽음, '자유로이 선택한' 죽음이라는 뜻이기도 하다. 이 두 가지 설명은 의미상 커다란 차이가 있다. 동일한 행위지만 완전히 다른 평가를 그 속에 함축하고 있는 것이다.

자살이라는 극단적인 행동은 도덕적인 관점에서 볼 때 자살을 찬

칸트의 비석. 비문의 마지막에 "저 하늘에 반짝이는 별, 그리고 내 마음의 도덕률"이란 글귀가 보인다.

양할 수도 있는가, 아니면 무조건 단죄해야 하는가 하는 의문을 불러일으킨다. 바꿔 말하자면, 이 물음은 다음과 같은 주장이 도덕 법칙, 그것도 보편적인 구속력을 지닌 도덕 법칙이 될 수 있는가 하는 문제다. "여러 가지 재난과 절망적인 슬픔이 살고 싶은 마음을 송두리째 앗아가 버리면, 자살할 수도 있고 자살해야 한다."

인간 행동을 도덕적으로 평가할 때, 그 행동이 다른 사람들의 행·불행에 미치는 결과만을 가지고 평가하는 사람은 일정한 조건 아래서 이 법칙을 받아들일 수 있을 것이다. 즉, 그런 평가 기준을 갖는 사람은 공동체의 안위에 아무런 해를 끼치지 않거나 도움이 될 때에는 얼마든지 자살할 수 있고 또 자살해야 한다고 말할 수도 있다는 것이다. 하지만 이런 결과주의적 전제를 받아들인다 하더라도, 과연 그 누가 어떤 사람의 자살이 공동체에 미치는 영향에 대해 왈가왈부할 수 있단 말인가.

다음과 같은 점을 생각해 보면 자살의 도덕적 정당화는 어려워진다. 자기 생명은 마음대로 해도 된다는 것을 도덕

법칙으로 여기는 사람이 있다고 하자. 그러면 그 사람은 생명과 관련을 맺는 그 어떤 도덕 법칙에도 보편적인 구속력을 부여할 수가 없다. 따라서 그 자신은 무언가를 도덕 법칙으로 삼으려 하겠지만, 모든 도덕이 이미 의미를 상실해 버린 다음이다.

결국 자살을 도덕적으로 옹호한다는 것은 생각할 수 없다. 자살 옹호는 인격적인 삶의 보존과 발전이라는, 모든 도덕의 궁극적 목적과 목표에 모순된다.

베히터
(저걸 지은 딱정벌레는 두 발로 걸었단다.)
(말도 안 돼.)

* 까뮈 Albert Camus는 『시지포스의 신화』에서 '자살'이야말로 진정한 철학적 문제라고 주장했다.
** 독일어로도 전자 Selbstmord, Selbstötung와 후자 Freitod 사이에는 미묘한 차이가 있다.

고야 Francisco Goya, 〈이성이 잠들었을 때 벌어지는 엄청난 일들〉, 1797~1798

더 읽어야 할 책들

칸트Immanuel Kant, 『도덕 형이상학의 기초*Grundleg ung zur Metaphysik der Sitten*』(서광사). 책 제목에서도 느낄 수 있듯이 읽기는 어렵지만, 근대 도덕 철학의 전모를 파악하기 위해서는 꼭 읽어야 할 책.

비런바허Diter Brinbacher/**회로스터**Norbet Hoerster, 『윤리학 강독*Texte zur Ethik*』. 저명한 도덕 철학자들의 글과 그에 대한 해설로 이루어져 있다.

매키John L. Mackie, 『윤리학*Ethik. auf der Suche nach dem Richtigen und Falchen*』. 광범위한 주제를 평이하게 다룬 윤리학 입문서.

안첸바허Arno Anzenbacher, 『윤리학 입문*Einführung in die Ethik*』. 윤리학의 여러 문제를 체계적으로 다룬 입문서. 철학에 특별한 예비 지식이 없는 독자들을 위해 만든 책으로서, 많은 사례를 들어 설명하고 있다.

파치히Günther Patzig, 『형이상학 없는 윤리학*Ethik ohne Metaphysik*』. 도덕과 법의 문제, 그리고 칸트의 도덕 철학을 다루고 있다.

철학 오디세이
초보자를 위한 지혜의 탐험

초 판 1쇄 발행 | 2003년 12월 25일
개정판 1쇄 발행 | 2013년 3월 20일

지은이 | 미하엘 비트쉬어
옮긴이 | 서유석
펴낸이 | 신성모
펴낸곳 | 북&월드
등 록 | 2000년 11월 23일(제10-2073호)
주 소 | 경기도 양평군 용문면 덕촌길 211번길 129-11
전 화 | 02-326-1013
팩 스 | 031-771-9087
이메일 | gochr@hanmail.net

ISBN 978-89-90370-95-2 (03100)

* 책값은 뒤표지에 표기되어 있습니다.
* 파본은 구입하신 서점에서 교환해 드립니다.